不与民争利

——一个外国人眼中的新疆兵团

艾哈迈德·赛义德

五洲传播出版社

为什么是新疆生产建设兵团
——这本书的故事

艾哈迈德札记

　　所有阅读这本书或者只是读到书名的人，他的脑海里都会很快地闪现出标题中的问题——为什么是新疆兵团？我可以直言不讳地说自己是第一个提出这个问题的人。为什么我打算写一本关于兵团的书？作为一个在中国生活了很久的外国人，难道不是更应该写关于整个中国的书吗？或者写关于整个新疆的书不是更容易些吗？

　　新疆是一个所有阿拉伯人，甚至是整个世界都迫切想要去了解的地方，特别是因为这里生活着许多信奉伊斯兰教的少数民族，所以世界上许多人都希望了解新疆这个特殊地区鲜为人知的故事，这里有许多故事可以写成若干本书而不是一本书，那到底为什么我写的是兵团呢？

　　我反复斟酌着去详细阐述问题的答案，希望能够以点带面，通过详细介绍一个大多数人都很难熟知的地方来将整个中国的形象展现给读者，我想置身其中来审视整个格局，深入体会其中的每个细节并将它呈现给读者。兵团的历史和故事能够清晰完整地反映出中国近六十年来的发展历程，是阿拉伯人或者外国人了解中国各方面的很好典型。在进行过大量的田野调查、访谈、研究及查阅资料后，我发现兵团能够代表中国屯垦戍边的发展过程，兵团不仅是中国变荒漠为绿洲、变碱滩为良田的成功典范，也给当地人民带来了巨大的改变。兵团一方面致力于保留本土文化，另一方面也在积极促进着当地的发展。面对西方不断丑化中国的各种报道，兵团为我勾画出一番和谐的中国景象。兵团是中国的一个缩影，但它又有甚至大多数中国人都不了解的特殊性，外国人又怎么能了解它？因此我由衷地希望能去了解这个特殊的存在，研究它的历史和发展，以及它到底是怎样的一种组织。

　　亲爱的读者朋友，请允许我向您讲述我与这本书之间的故事，希望这本书能使您了解中国，了解新疆这个神奇美丽的地方，了解新疆生产建设兵团这个满载生活艰辛和传奇故事的地方，了解它的成功与失败、经验与教训，了解它是如何在艰苦的军旅生涯和艰难的戈壁生活中，最终战胜困难并取得成功的故事。

我初次接触汉语是在 2001 年，当时我进入埃及爱资哈尔大学中文系学习汉语，专业是汉语伊斯兰教研究，也就是用汉语学习与伊斯兰教有关的知识，在此之前我绝没想过有一天汉语会成为我的专业。我们首先学到的是中国是一个多民族国家，就像一个有很多成员的大家庭，由 56 个民族组成，汉族是主要成员，此外还有 55 个少数民族成员。当我学到这 55 个少数民族中有 10 个信奉伊斯兰教时，心中的自豪难以掩饰。当我们深入学习关于伊斯兰教在中国的知识时，我了解了中国穆斯林的分布情况以及伊斯兰教传入中国的故事。伊斯兰教是通过海上丝绸之路和陆上丝绸之路传播到中国的。海上丝绸之路传播指的是来自阿拉伯半岛和中亚的穆斯林商人通过海路抵达中国，然后定居在中国南方地区，至今广东和福建仍有他们的后裔；陆上丝绸之路传播是指当时的阿拉伯人和中亚地区的穆斯林通过中国西部特别是西北部将伊斯兰教传入中国。经过了漫长的历史，先后经历了唐朝、宋朝、元朝以及明朝，元、明时期曾是中国伊斯兰教的繁荣期，其次是清朝。新中国成立时，外来的穆斯林已经在中国西北广袤的大地上定居。这是我第一次在学习中文的过程中接触到新疆这个地方，知道那里的少数民族大部分是穆斯林，知道了中国有五个少数民族自治区，其中两个是穆斯林聚居区，分别是新疆维吾尔自治区和宁夏回族自治区。我已不能确切地记起兵团这个名字是否在我求学时出现过，或许我学过的课本里提到过它，但我已不能找寻到丝毫关于它的记忆，也许是因为当时的我才开始了解中国，或者是因为当时我过多地聚焦于新疆，那里有坐落于海拔几千米山中的天湖，各种文化风俗和不同的宗教以各种形态同时聚集在这个地方，自那时起我便滋生出去拜访这个世界上独一无二地区的愿望。但多年以来，中国在我这个外国人的印象中仅仅是北京、上海这样的政治和商业中心，还有居住着大量阿拉伯人、被称为世界商业中心的广州，以及深圳和香港这两个被许多人称颂的美丽地方。

大学毕业后我在军队服役，三年的从军经历给我写这本书带来了很多帮助，让我知道如何去解释兵团，特别是兵团在社会建设中的作用，以及在驻地所承担的责任和义务。可以说行走新疆一直是我长期以来的一个梦想，当我服完兵役回归城市生活，这个梦想渐渐被掩藏在奔波的生活和城市的喧嚣中。后来我辗转到迪拜工作，接触到了形形色色的中国人，它就像缩小版的中国社会，这时我没有再关注中国西北，虽然它后来改变了我的生活。2010年，在迪拜做导游的我有幸结识了来自宁夏的客人，几天愉快的相处让我们双方都留下了深刻而美好的印象，临别之前，我们互相留下了联系方式。没想到几个月后，我收到了来自宁夏的邀请，为首届中阿经贸论坛做阿文官方网站的翻译和校对工作，并担任首届中阿经贸论坛（现更名为中阿博览会）语言专家兼阿拉伯文化顾问。在此之前，我从没听说过宁夏这个地方，对我来说"中国"就是北京、上海、广州等大城市。中国有句古话：读万卷书不如行万里路。学习中文五年的我决定趁这个机会，近距离认识下这个我曾梦想过的古老国家。这次工作机会是来自中国西北，确切地说是来自宁夏回族自治区的首府银川市。在我下定决心去银川时并没打算在那里逗留太久，但是生活总是有很多意外，这次意外不仅让我在中国一待就是六年，而且还将可能是一辈子。

前面的叙述目的是给我亲爱的读者朋友做个铺垫，告诉你我为什么会用汉语和阿拉伯语写一本关于兵团的书，这个决定的背景和产生这个想法的原因。请原谅我过多的叙事，你可以把它看作是我与中国的"缘分故事"，呈现在这里是为了给写新疆和兵团故事做一个铺垫，希望没有给你带来困惑。言归正传，回到我生命中的那个巨大的转折点、新起点。2010年开始我在宁夏回族自治区的首府银川定居，在这里我发现许多和阿拉伯世界相似的地方，不仅是宗教信仰，还有风俗习惯、生活方式。在银川定居后，我便开始从事中阿文化合作方面的工作，我把展现中国最真实的一面当作使命，尽最大努力让中国人和阿拉伯人能够相互了解。与此同时，我选择了继续学习深造，开始在宁夏大学攻读民族学专业硕士，这使我更多地了解中国历史和文化、伊斯兰教在中国的发展，以及中国穆斯林经历的巨变。在此期间，我翻译了超过二十本关于中国特别是宁夏伊斯兰教方面的书籍。现在所写的这本书是关于新疆，它作为中国另一个穆斯林聚居地区，拥有悠久的历史和鲜明的特色以及更能代表中国伊斯兰教的文化和遗迹。这些都使我能够更全面地了解新疆，唤醒了我在爱资哈尔大学学习汉语时第一次与新疆接触的记忆。我之前的译作中也多次出现过兵团，它是新疆的重要组成部分，那里有数量众多的清真寺和许多虔诚的穆斯林。

这里我想提一下自己第一本用汉语和阿拉伯语写的书《中国道路——奇迹和秘诀》，这本书实现了我长期以来想给每个阿拉伯人介绍真实中国和中国现状的愿望，希望它能在中阿关系发展进程中发挥作用。尤其是近几年，我们阿拉伯世界正经历着被称为"阿拉伯之春"的巨变，一些阿拉伯国家正在努力寻求变革。面对这样的情况，我们急需新的思想和血液，应该向已取得快速发展的国家学习，从中汲取他们的成功经验，从而改变我们阿拉伯世界并实现自身发展。长期以来西方殖民者在阿拉伯世界占据主导地位，他们离开后，留下的思想和文化影响了我们的思想，成为我们前进道路上的阻碍。我认为阿拉伯世界在经历变革之后变得更加迫切地去学习非西方国家的成功经验，寻找属于我们自己的方向，发掘自身的潜力，利用自己的特殊文化，采取更适合我们的方式而非西方模式去发展。

《中国道路——奇迹和秘诀》是第一本专门针对阿拉伯读者，为他们和他们的社会讲述中国的书，尽管它是在阿拉伯人已从西方社会和媒体那里认识了一个被大量恶意丑化的中国之后才与阿拉伯读者见面的。这本书探讨了所有阿拉伯读者关于中国的想法，试着打破那些在国际正式交往中习以为常的陈旧方式。书中探讨了中国的民主、人权、少数民族特别是穆斯林的状况、中阿关系以及中国从中想得到什么，书中提到的几个敏感问题会使阿拉伯读者觉得提问大胆、回答透明，没有丝毫隐藏和敷衍。这也是我写这本书的初衷，希望每个阿拉伯读者都能读到它，使它能够在铺设中阿直接交往新道路的过程中添砖加瓦，而这种交往是建立在相互平等、相互尊重和互惠互利的基础上，而不是附属和相互利用。

《中国道路》取得成功，是我写这本新书继续向阿拉伯世界讲述一个真实中国的最大动力，但不同的是这次我不想再全面地讲述整个中国，而是要深入中国的一个地区，让相关的人通过自己的语言而不是我的语言讲述这个地区真实的情况。由于西方社会的丑化，中国在阿拉伯世界里的形象并不是很好，西方社会为达到丑化中国的目的歪曲了中国穆斯林的真实情况，制造了很多关于民族问题的新闻。身为一个阿拉伯国家的穆斯林，我自然选择了将中国少数民族的形象和我眼中的和谐中国介绍给世界各地的阿拉伯读者。虽然有人建议我将新书的重心放在生活了五年熟悉的宁夏，但我的目光和思绪指引着我更多地关注着中国的西北边陲，内心告诉我新疆是中国最鲜明的一个典范，是否决所有关于中国错误认识的最有力证据。宁夏虽然是回族自治区，生活着很多穆斯林，但是他们的相貌与汉族并没有明显的差别，作为穆斯林聚居区它并没有像新疆那样在世界范围内引起众多争议，也没有像新疆那样有许多相关消息、报道和书籍，毫不夸张地说世界的眼睛都聚焦在新疆这片土地上，并且这些经常会被西方当作中国侵犯穆斯林信仰自由的证据置于显微镜之下，借以博得全世界穆斯林的同情来反对中国。虽然我决定选择新疆作为第二部作品的主题，但至此仍然没有想到会在书中写兵团，因为我实在是对它知之甚少，但最终出于以下原因，我确定书的内容为兵团。

我第一次不是在书本上看到而是亲耳听到兵团这个名字，是在宁夏大学阿拉伯语学院教授翻译课程的时候，当时班里有两个新疆学生，一个是哈萨克族，另一个是维吾尔族，我们三个人经常讨论关于新疆、中国以及穆斯林现状的话题，其中一个学生说另一个是兵团出来的，家庭条件比较好。当我就此话题询问这个兵团出身的学生时，他自豪地告诉我他们家属于兵团，"兵团"这个名字让我立马就想到部队和军官驻扎的地方，他和家人怎么能属于"军队"呢？于是我刨根问底让他给我讲讲兵团是什么，他告诉我兵团并不是部队，而只是一种称呼，是一个工作和生活的地方，不是我想象中部队的样子。他的话引起了我的好奇，于是我提出更多关于兵团细节的问题，这时他用阿拉伯语对我说："老师，您最好亲自去那一趟，就知道什么是兵团了。"他的话激起了我内心的渴望，渴望通过真实的经历来认识兵团。

我决定以兵团为主题撰写作品的第二个原因是，在我撰写《中国道路——奇迹和秘诀》的时候，有幸与中国许多著名专家、学者进行了多次座谈。每次当我们谈到中国在保护少数民族身份和文化中所起到的作用、汉族与其他少数民族间的关系以及宗教信仰问题和国家对公民社会的作用等问题时，专家们就指出新疆生产建设兵团就是能够回答上述这些问题的最好实例。专家们的话更加激起了我的热情，使我最终决定将兵团作为新书的内容，但我最终的目的并不仅仅是介绍兵团，而是通过这本书解答人们心中诸多关于中国的疑问以及中国所重视的问题。

从名字来看，兵团好像具有军队的性质，它让我首先联想到军队、士兵、国防、进攻等词语，我相信很多中国人在去兵团之前的想法和我是一样的，但事实却大相径庭，这也是我想在本书中阐述的一个重点：通过汉语版本和阿拉伯语版本让中国人和阿拉伯人了解兵团。人们的第一印象往往并不是完全正确的，正如中国人所说的事实才是真相。在许多人的第一印象中世界上的穆斯林是不幸的，不可否认世界上有一些人认为伊斯兰教是一个煽动暴力和制造恐怖主义的宗教，为了消除这个误解，每个穆斯林都应该站出来阐明真相，证明伊斯兰教与他们的认识相差甚远，只有亲眼看到才会真正地了解它。西方社会及媒体也给中国罗织了很多罪名，大肆宣扬中国不尊重宗教自由、对穆斯林实行种族歧视等观点，这些观点在事实和证据面前很容易被否定，中国应该站出来向世界说明这个事实。新疆生产建设兵团对很多中国人来说也是一个很难说清楚的存在，或许是因为它地处边陲，或许是因为兵团在中国的特殊性，或许是因为它是中国唯一具备这些条件的存在。

撰写本书的目的并不是在西方的恶意丑化和伊斯兰世界对中国的某些误解面前捍卫中国的形象，中国作为一个和谐发展的大国无需这类的捍卫，它在世界上的影响力足以反驳所有的歪曲。撰写这本中阿双语的书的唯一目的就是让读者近距离地了解新疆生产建设兵团的所有的细节，它的环境、历史以及发展历程，它作为现在中国的典范，向世人展示了中国为实现伟大复兴所作出的努力，也揭示了中国和谐的社会关系，以及各民族之间和睦相处的现状，这些都是我们阿拉伯世界应该学习的地方。同时它也体现了兵团在当地所发挥的社会作用，这种作用的影响及其取得的成功应该成为世界上所有希望实现复兴的国家的典范，这些国家都应该学习它的成功经验。另外，出版本书汉语版的意义在于，很多中国人并不了解兵团真实的历史和取得的伟大成就以及兵团人在建设中所作出的牺牲，本书从特殊视角让中国人了解兵团在中国历史上所发挥的作用和作出的贡献。

至于我写这本书的第三个原因，是想把这本书献给我在兵团采访的那些日子里所遇见的兵团人。他们经常问我这本书什么时候能出版？会取什么名字？能不能送给我一本？在此我非常荣幸地将本书的汉语版献给那些不同民族、不同血统、不同宗教的兵团人，感谢他们帮助我完成这本书，我会永远铭记他们的友善和热情。

这本书的中心思想并不是记录个人看法，或是分析某些资料，也不是得出某个结论。我用一种最具公信力的方式——采访和田野调查，对我想了解并介绍给读者的方面进行采访，与兵团里最能代表中国各个阶层的人进行对话。我曾采访过兵团的高层领导、普通职员、工人、家庭主妇、老人和孩子，他们中有汉族、维吾尔族、哈萨克族、回族，也有宗教人士和艺术传承人。我向遇见的所有社会阶层、文化阶层的人提出同样的问题，将各种答案收集在一起并加以串联，得出一个完整的兵团概念。提问的方式并不是一成不变的，我会根据采访对象采取不同的提问方式。所有人的答案都是一条线索，这些线索集合起来构成了兵团的全貌。这种采访随时随地都可以进行，可以在北疆或东疆，在家里、牧场、办公室、田间、娱乐场所或是餐厅里，甚至是在长途汽车上。采访中，一位老人坚持认为我是来拍摄关于他的纪录片，一再告诉我如果可以让他在中国出名的话，他会聘请我当经纪人。这些我采访过的人集合了兵团人既普通又善良、既鲜明又坦诚的特点。初到新疆让我印象深刻的是城市繁华的街道和灯火通明的马路，以及随处可见的各个民族的热情好客，和睦相处。街边的广场上聚集着随着欢快的少数民族歌曲翩翩起舞的"舞蹈团"，无论是维族人、汉族人还是哈萨克族人，脸上都洋溢着幸福的笑容。来中国多年，我第一次感到仿佛回到开罗或置身在某个阿拉伯国家，耳边响起的是久违的语言，仿佛是我的母语；擦肩而过的是熟悉的面孔，仿佛是我的同胞。在这里没有人把我看作外国人，他们只认为我是汉话说得不错的民族同志。

目录

初遇新疆 ▶

　　2010 年，揣着最多待三个月就回家的想法，我来到了中国宁夏，协助筹办首届中阿经贸论坛，没想到这一住就是五年。在这些年的工作和生活中，我游历了中国很多地方，但让我魂牵梦绕的却只有西藏和新疆——这两个中国西部最偏远的地区。

一、初遇新疆

2010 年，揣着最多待三个月就回家的想法，我来到了中国宁夏，协助筹办首届中阿经贸论坛，没想到这一住就是五年。在这些年的工作和生活中，我游历了中国很多地方，但让我魂牵梦绕的却只有西藏和新疆——这两个中国西部最偏远的地区。

在爱资哈尔大学读中文的那段日子，我看过很多关于西藏的书和照片，那里有清澈的天空和雄伟的布达拉宫，是中国最纯净的地方。而说起对新疆的"偏爱"，还得从我刚到中国说起。

那时的我中文还并不流利，出门在外经常有人问我："你是新疆人吧？"可我当时并不知道"新疆"是什么，后来被问得多了，"新疆"这个词就深深地印在我的脑海中。经过查阅相关资料，我对新疆这个地方产生了浓厚的兴趣——它与埃及的自然条件有许多共同点，都属于干旱地区，有相似的地理环境，很多人也和我们有着共同的信仰。

新疆位于中国西北边陲，是亚欧大陆的中心地带，总面积 166 万平方千米，占中国陆地总面积的六分之一，东南与甘肃、青海和西藏三省区相邻，西南与印度、巴基斯坦、阿富汗接壤，西北和东北则与塔吉克斯坦、吉尔吉斯斯坦、哈萨克斯坦、俄罗斯联邦、蒙古国相连。新疆与多个国家接壤，是中国面积最大、陆地边境线最长、毗邻国家最多的省区，陆地边境线占中国陆地边境线的四分之一。截至 2014 年，新疆总人口数为 2298.47 万人。

和埃及内陆一样，新疆气候干燥，日照时间长，降水量少。北疆属中温带，南疆属暖温带。年平均气温北疆平原低于 10℃，南疆平原 10℃～13℃，最高气温在吐鲁番曾达到 48.9℃。对新疆气候的描述让我感到非常"亲切"，埃及也是地跨亚非大陆，同样的干燥少雨，全年炎热，最高气温跟吐鲁番不相上下。

　　从地图上看，新疆的地形可概括为三座大山和中间的两个盆地：北面是阿尔泰山，南面是昆仑山，天山从中间穿过，把新疆分为南北两部分，习惯上称天山以南为南疆，天山以北为北疆。

　　这样的地理描述让我一度以为这个地区一定是到处是沙漠和戈壁的荒芜之地，甚至这里的首府乌鲁木齐——中国离海洋最远的城市，也应该是在沙漠里建造起来的小镇，荒凉且人烟稀少。但实际上，新疆有大小湖泊 100 多个，水域总面积约 5500 平方千米。境内山脉融雪形成大小河流 570 多条，冰川储量 2.13 万亿立方米，占中国的 50%。这完全颠覆了我对新疆最初的认识，正应了埃及那句古谚：见到的总跟听到的

不一样，不是吗？

因为地域广袤和有很多水源，新疆也是中国最大的放牧区域之一，草地面积 5111.38 万公顷，除此之外还有大片的耕地。因为这里与埃及的气候相像，所以我们引以为傲的棉花在这里也有非常广泛的种植，而且据在这里棉纺厂工作的"老乡"介绍：品质不比埃及最好的长绒棉差。这里的棉花不仅销往中国内地，还出口到全球很多国家。

除了棉花，这里独特的气候和自然环境，也让那里的葡萄、无花果、香梨、西瓜、哈密瓜等各种瓜果蔬菜异常甜美，深受中国人民的喜爱。只可惜我这次去的时节不是瓜果成熟的季节，否则必定要大快朵颐。

最令我想不到的是如此荒凉的地区还蕴含着丰富的石油和煤炭等各类矿产资源。截至 2014 年，新疆已发现的矿产种类有 138 种，占中国已发现矿种的 80.7%；查明有资源储量的矿种 97 种，其中，能源矿种 6 种，金属矿产 31 种，非金属矿产 60 种。新发现大中型矿产地 11 处，其中

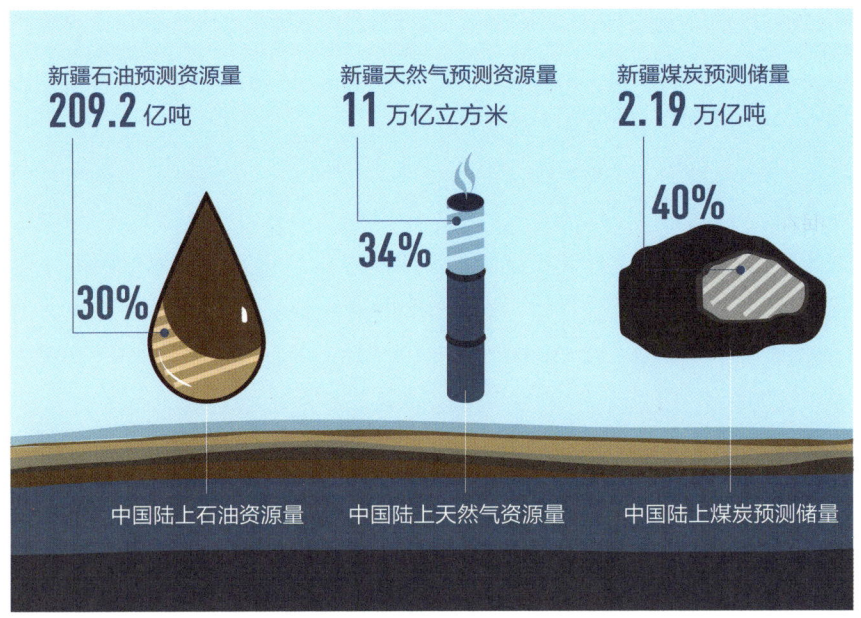

新疆石油预测资源量
209.2 亿吨

新疆天然气预测资源量
11 万亿立方米

新疆煤炭预测储量
2.19 万亿吨

40%

34%

30%

中国陆上石油资源量　　　中国陆上天然气资源量　　　中国陆上煤炭预测储量

能源矿产地 6 处，金属矿产地 5 处。新疆石油预测资源量 209.2 亿吨，占中国陆上石油资源量的 30%；天然气预测资源量 11 万亿立方米，占中国陆上天然气资源量的 34%。煤炭预测储量 2.19 万亿吨，占中国预测储量的 40%。新增查明资源储量中，煤炭储量 175.97 亿吨。

新疆一共有 14 个地、州、市，主要分布在北疆、南疆和东疆三大区域。北疆包括乌鲁木齐市、昌吉回族自治州、博尔塔拉蒙古自治州、伊犁哈萨克自治州（包括州直属县市、塔城地区和阿勒泰地区）。南疆包括巴音郭楞蒙古自治州、阿克苏地区、喀什地区、和田地区、克孜勒苏柯尔克孜自治州。东疆包括吐鲁番地区、哈密地区。而新疆生产建设兵团下辖的 14 个师、176 个农牧团场就分布在南疆、北疆、东疆的各个地州市中。这里就是我此行的目的地，去探索这个听到名字就能让人联想到军队的神秘组织。

从银川飞往乌鲁木齐的旅程一路能见度都很好，可以清晰地看到绵延不绝的戈壁和山脉。更让人兴奋的是，我还第一次在飞机上看到了连绵的雪山，积雪就像是流淌在山间的奶油。经过三个小时的飞行，飞机降落在乌鲁木齐地窝堡国际机场。

"乌鲁木齐"在蒙古语中意为"优美的牧场"，是新疆维吾尔自治区首府，下辖 7 个市辖区、1 个县（乌鲁木齐县），辖区面积 1.42 万平方千米。乌鲁木齐地处天山北侧，准噶尔盆地以南，是世界上距海洋最远的内陆城市。截至 2014 年末，全市户籍在册人口为 311.03 万人。由于地理位置的原因，这里和内地大概有两个小时的时差，晚上 10 点多太阳才开始落山。

下飞机之前我想象着这座城市八成是荒凉和人烟稀少的，可能街上还到处跑着马车。而从机场出来，我们一路驱车却只见高楼耸立、车水马龙，进入市区各类高档酒店、商场鳞次栉比……负责接待我的是兵团

新闻办公室的工作人员张楠。他告诉我这里是新疆最大的城市，也是新疆政治、经济、文化中心，中国连接中亚地区乃至欧洲的陆路交通枢纽，现已成为中国扩大向西开放、开展对外经济文化交流的重要窗口，光五星级酒店就达 10 家，这一数字在西部城市绝对处于领先地位。

令我印象深刻的除了繁华的城市，还有满街的银行，我在西部还没有见过哪个城市拥有像这里这么多的商业银行。几乎是能叫上名字的银行都可以找到，我想这从另一方面也说明了这座城市的发展潜力。

夜晚的城市华灯初上，随处可见身着民族服装的维吾尔族群众在街上用维吾尔语交谈。来到中国这么多年出门一直被"围观"的我，此刻真的有种回到家乡的亲切感——在这里没有人觉得我是外国人，只是认为我是汉话说得不错的"民族同志"。街上时不时飘来烤肉的香味，仿佛是这座城市的气息。

二

不一样的"军队" ▶

　　因为新疆当地很多人和阿拉伯世界有着相同的信仰，"新疆"这个词经常出现在我的社交网络中。也有很多阿拉伯的朋友知道我在中国，会问我很多关于新疆的问题。坦诚地说，有些问题不是很友好，非常尖锐。我一直尽我所能地查清事实转告他们。"兵团"是这其中经常提到的词汇，再加上我有在埃及军队服役的经历，它逐渐吸引了我的注意力。

二、不一样的"军队"

　　因为新疆当地很多人和阿拉伯世界有着相同的信仰，"新疆"这个词经常出现在我的社交网络中。也有很多阿拉伯的朋友知道我在中国，会问我很多关于新疆的问题。坦诚地说，有些问题不是很友好，非常尖锐。我一直尽我所能地查清事实转告他们。"兵团"是这其中经常提到的词汇，再加上我有在埃及军队服役的经历，它逐渐吸引了我的注意力。

能查找到的资料显示,新疆生产建设兵团成立于 1954 年。那时中国结束内战不久,由于长年战乱,国民经济破坏非常严重。而当时的新疆受自然资源及气候影响,经济以农牧业为主,生产水平低下,发展基本处于停滞状态,当地的人民生活贫苦不堪。

当时新疆人口只有 433.34 万左右,其中军队就有将近 20 万人,想要就地解决这些军人的生活十分困难。且在部队进疆后,有些不法粮商故意囤积粮食,抬高粮价,由于只能用银元购买,新疆的领导每月甚至要动用飞机到北京运钱来买粮。处于这样的社会环境,如果想要保持部队规模,后勤供应就难以补给,然而如果部队缩编,西北边疆的安全将难以得到有效保障。基于这样的情况,当时中国的领导人毛泽东决定借鉴中国古代的屯田戍边经验,在新疆大兴屯垦戍边事业(就是一边开垦田地,一边守护边疆)。

当时对于屯垦戍边制定的规则是"全体军人,一律参加劳动生产,不得有任何人站在劳动生产之外"。随着大规模粮食生产的展开,部队的军粮渐渐可以自给自足,不仅改善了自己的生活,还极大地减轻了当地人民的负担。1954 年 10 月,新疆生产建设兵团正式成立,下辖 10 个农业建设师,2 个生产管理处,1 个建筑工程师,1 个建筑工程处及一些其他单位,总人口约 17.5 万人。

这样的表述即便对于我这个已经来到中国很多年的"中国通"来说,还是显得过于官方了,很难理解在中国西部土地面积最大的省份为什么要有这样一个组织,它到底起到了什么作用。另一方面,兵团也希望更多地为外界所了解。因此,当我接到五洲传播出版社和兵团的邀请,立刻就答应了下来。

抵达乌鲁木齐的第二天,在张楠的安排下我们一早就驱车到了第十二师一〇四团,十二师宣传部的张民接待了我们。在之后的行程中,张民不仅向我介绍了目前十二师的基本情况,还带我去到了当地哈萨克牧民的家中。通过与当地牧民的交流,我深刻地感受到这支与众不同的"军队"对新疆的影响有多么大。

通过张民的介绍,我才知道原来兵团是有它自己特殊的体制的。有

这样一句话是用来形容兵团的："兵团是政府，但要纳税；兵团是企业，但要办社会（指要负责社会的基础设施建设）；兵团是军队，但没军费；兵团是农民，但要入工会（指他们虽然是农民在种地，却享受工人的待遇）。"说实话，对于这句话，我不是非常理解，但是张民告诉我这简单的四句话就已经说出兵团的特殊体制。在后续的走访中，我也大概了解到了一些关于兵团体制的信息，其中提及最多的就是"党政军企合一"。

从政治体制来说，兵团是"党政军企合一"的特殊组织，"党"是指中国共产党的绝对领导，"政"是指兵团拥有部分政府职能，"军"是以民兵为主的武装力量，"企"是指各行各业齐备的综合企业。兵团是在中国中央政府、新疆自治区的共同领导下，依照国家和新疆维吾尔自治区的法律、法规，自行管理内部行政、司法事务，在国家实行计划单列的特殊社会组织。

从经济体制来说，兵团虽然主要从事经济建设，有一半以上的企业是国有农场，表面上与农村没有多大区别，但实际上兵团不是单纯的经济组织，更不是一般的农业生产企业。兵团作为特殊的经济体制，根据新疆民族地区经济发展战略的需要，有效地集中和协调人力、物力、财力，合理进行投入，为改善新疆地区经济结构不合理、生产力发展不平衡的状况发挥了重要作用，成为新疆经济建设的一支生力军。

从社会体制来说，兵团成立之初只有17万人，主要是复员转业的军人。后来，当地少数民族不断加入，与湖南、山东招来的女兵（我在兵团第一座城市石河子见到了这些可爱的女兵，她们的故事会在后面提到），河南、湖北、江苏、上海、天津等省市的支边知识青年，还有全国各省自愿来疆的有志之士，共同形成了今天270万的社会群体，分布在新疆维吾尔自治区的14个地州市境内，已建立起比较完善的国民经济和社会发展体系。兵团拥有文化、教育、科研、卫生、体育、广播电视等社会事业和公安、检察、法院、司法管理等政法机构。

在这种体制之下，兵团接受中央政府和新疆自治区的双重领导，同时在中央计划单列，很多方面又具有相对的独立性，当地的居民也非常接受这样的管理体制。

采访实录1：十二师宣传部——张民

张民：十二师下属有七个团场——西山农场、一〇四团、三坪农场、头屯河农场、五一农场、二二一团及二二二团。其中二二一团及二二二团与其他五个团场距离较远。二二一团位于吐鲁番盆地，二二二团位于阜康市以北，二二二团是2013年12月27日才被划入到十二师的。

十二师现在总人口约10万人，除了有七个团场之外，还有七个集团公司。今年（2014年）又进行了资源重新整合，成立了三个集团公司，主要针对园林、建筑及乳业。

依托于对三次产业结构的调整，十二师2013年实现国内生产总值1021206万元，比2012年增长21.7%。

艾哈迈德：所谓的"政企分开"是什么意思？

张民：原来，兵团的模式是"党、政、军、企"合一。"党"是指党组织领导核心，"政"是部分政府职能，"军"是以民兵为主的武装力量，"企"是农林牧副渔和工商建交服等综合企业或中国新建集团。现在，兵团团场按照要求实行"政企分开""政司分开"。团场管理社会事务，比如职工群众的生产、生活，而经营等事项则由企业和公司来负责。

艾哈迈德：公司里的员工都是兵团里面的人员吗？

张民：兵团人也是新疆人。通常在中国将种田的百姓称为"农民"，而兵团的"种田百姓"通称为"职工"。职工在生产期间统一进行劳动，退休之后可享受退休金。

艾哈迈德：兵团的公司跟普通的公司有何区别？

张民：十二师的公司是由十二师出资一部分，再由其他团场和农场出资共同组建设立，属于国有控股公司。公司员工由三部分组成：公司高管、师管干部，还有一部分中层干部是大中专毕业生。团场职工到公司工作，收入会明显提高。因为团场主要从事农业生产，是季节性作业，4—10月份为农忙期。而公司从事生产与经营，一年四季都有收入。

十二师提出了"两园两区"（即兵团乌鲁木齐工业园、兵团准东产业园、乌鲁木齐经济技术开发区十二师分区、头屯河区工业园十二师合作区）的概念。乌鲁木齐工业园于2006年开始建设，目前已有44家企业入驻，主要以高科技、创新、环保型企业为主。2014年4月18日又有10家重点项目企业入驻。园区招商也逐渐由"引资"变为"选资"。另外，这两年我们也在和乌鲁木齐市合作，十二师有良好的区位和土地优势，乌鲁木齐市有政策优势，我们优势互补，在兵地融合方面也取得了显著成效。

张楠：我们现在要去的单位是连。作一个并不完全准确，但是十分直观和便于你理解的比喻，你来自宁夏，如果将兵团比作宁夏，那么兵团的"师"相当于地区，"团"相当于县，而"连"就相当于村。

一般的连以农业为主，我们现在要去的这个连却是以畜牧业为主，叫牧二场。由于畜牧业的不断发展，在局部地区已经出现草场难以负载的情况，一方面阻碍了牧民的持续增收，也不利于生态环境的可持续发展；另一方面由于游牧迁徙和居住分散，在广袤的山区，难以提供完善的医疗、教育，甚至饮水供电等社会服务。这种现象在全国范围内都不同程度地存在，为此国家制定了"退耕还草""退牧还草"等政策，制定优惠政策、创造条件，引导部分牧民在自愿的前提下定居生产生活。但是，我们还是遵循牧民的意愿，愿意从山上搬下来的，就开始他们的新生活，不愿意搬下来的，就继续保持他们的牧民生活。今天上午，我们先去看一下游牧民族传统的生活方式，下午再去采访定居居民的生活方式，今天主要探访的是哈萨克族。

艾哈迈德：兵团下面有多少个师？

张楠：一共 14 个师下辖 176 个团，其中一个是建筑工程师。

艾哈迈德：团里面的人主要是汉族还是少数民族？

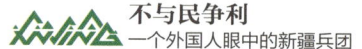

　　张楠：这个要分地区。少数民族聚居区里当然是少数民族比例高一些，像现在要去的牧区（牧二场），基本都是少数民族。

　　艾哈迈德：汉族和少数民族都是分开居住的吗？有没有汉族和少数民族一起居住的？

　　张楠：有很多。明天我们要去的头屯河农场就有，后面会去到的十三师也有。团场里面有汉族、回族、维吾尔族等，在那里生活不会感觉到任何的界限。

　　张民：十二师和乌鲁木齐都是"插花居住"，像我们农场、头屯河农场和乌鲁木齐市的头屯河区接壤，一〇四团与乌鲁木齐沙依巴克区接壤，居民包括汉族、维族、哈萨克族、回族等。历来都是多民族融合，共同居住。

张楠：十二师很特别，它像一道彩虹环绕着乌鲁木齐市。以前，乌鲁木齐市的面积还很小，感觉十二师离乌鲁木齐还有一段距离，现在发展得越来越快，城市面积越来越大，乌鲁木齐市和十二师之间已经基本没有什么界限了。所以双方就要建立密切的合作，这个可以叫作融合或者共同发展。

艾哈迈德：这里的汉族会说维吾尔语吗？

张楠：不仅仅是维吾尔语，在少数民族聚居区中，汉族或多或少都会掌握少数民族语言。

艾哈迈德：兵团的政策和自治区的政策有什么不一样的吗？

张楠：所有适用自治区的政策，兵团同样适用。

张民：前面看到的就是我们头屯河农场的保障性住房。这两年住房条件明显改善，职工从平房一比一置换到楼房，过上了现在的生活。比如，原来是80平米的砖房，现在通过连队整合，连队的职工搬到团场场部，或搬到社区，他就可以住到这个房子里。团场，包括兵团社区的功能都很健全，有社区文化活动中心、图书室、农家书屋等，丰富了职工群众的生活。

艾哈迈德：（团场）里面有学校吗？

张民：有。每个团场都有学校。

艾哈迈德：这样的房子可以卖吗？

张民：可以卖，但主要用于满足当地职工的需求。

张楠：兵团现在有一个"三化"建设，第一个提到的就是"城镇化"（另外两个分别为：新型工业化、农业现代化）。城镇化之后，居住集中，生活质量有所提高，比如，医疗、教育、娱乐等，这些都是没有发展城镇化之前所无法实现的。

张民：途中看到的这个，就是我们头屯河农场新建的医院。农场医疗、教育、社区文化活动都是非常健全的。

采访实录2：第十二师二二二团武装部部长——苟春云

艾哈迈德：预备役跟民兵的区别是什么？

苟春云：民兵要低于预备役一个层次，预备役是曾经当过兵转业复员的人。

艾哈迈德：民兵属国防部管理？

苟春云：是的，它属国防力量的组成部分。一般都是 40 岁左右，身体符合条件，通过政审审查，自愿报名参加民兵，之后还是从事原来工作。民兵只是另外一种身份，在国家需要时成为民兵，现在已成为公民的一种义务和责任。

张楠：民兵不仅仅是新疆兵团的制度，它也是全国性的制度，国庆阅兵时是有民兵方阵的。白皮书（《新疆生产建设兵团的历史与发展》，国务院新闻办公室 2014 年发布）上讲到，兵团要创建全国一流的民兵队伍。

艾哈迈德：这个连队主要是做什么的？

苟春云：兵团及农场城镇化建设亟需管理人才。因此，我们连队每年新招收大学毕业生，先在这边接受培训，提高组织纪律性，包括执行力、个人素质等各个方面进行锻炼，然后合格者安排岗位去工作。我们是作为管理人才培养的一个基地，2014 年 5 月份刚成立。三坪农场包括 11 个连队，这个连是唯一一个培训基地，其他 10 个连队都是从事农业生产的连队。

印象三坪社区综合服务中心

苟春云部长（后排左二）带领大家参观社区老年娱乐棋牌室。

艾哈迈德：您在这边待了多久？

苟春云：两年。两年前在西山农场，原是一名复员军人，通过进修、考试后从事司法工作。

艾哈迈德：兵团与自治区哪些单位关系密切？

张楠：每一个机构关系都很密切。比如我们宣传部，今年（2015 年）自治区成立 60 周年，接待中外媒体采访，兵团作为自治区重要的组成部分，自治区会统筹安排，到城市、师团来采访，这是我们的业务往来。基本上每一个机构都存在这种情况。

戈壁滩上的奇迹 ▶

　　开车从乌鲁木齐向西 24 公里，就是新疆生产建设兵团第十二师头屯河农场。农场的邵科长热情地接待了我们，从他口中我们得知这个农场创建于 1951 年，是新疆最早的机械化国有农场之一。由于处于头屯河水流经的上游地区，灌溉条件良好而得名。这里农民的主要收入都依靠农业，特别是葡萄种植。

三、戈壁滩上的奇迹

　　开车从乌鲁木齐向西 24 公里，就是新疆生产建设兵团第十二师头屯河农场。农场的邵科长热情地接待了我们，从他口中我们得知这个农场创建于 1951 年，是新疆最早的机械化国有农场之一。由于处于头屯河水流经的上游地区，灌溉条件良好而得名。这里农民的主要收入都依靠农业，特别是葡萄种植。

　　2013 年兵团完成农业增加值 435.45 亿元，全年农作物播种面积 117.41 万公顷，其中，粮食种植面积 27.14 万公顷，棉花种植面积 59.08 万公顷，油料种植面积 5.05 万公顷，甜菜种植面积 2.66 万公顷，蔬菜种植面积 7.76 万公顷。

　　另外，水果蔬菜种植和园艺行业也得到快速发展，特别是像制作番茄酱用的番茄（跟普通的番茄不太一样，更小，果肉更厚，水分更少），还有香梨、红枣等。畜牧业也得到了很大的发展，很多地方实现了大规模的集中养殖，农业机械化水平也有很大的提升。

　　现在，兵团种植业综合机械化率已经达到了 92%，水利等农业设施非常完善，农业科技的投入力度也逐渐加大。有了这样的生产设施和条件，使兵团产生了一大批大型的农业企业，仅仅这些企业就可以覆盖 56 万公顷种植面积和 6667 公顷水产养殖面积，饲养 509 万头牲畜和 578 万只家禽。

　　这些"巨无霸"一样的大型企业，往往会围绕一项或多项产品，将企业、团场（基地）、农民职工（个体）凝聚成一体进行生产经营，形成强大的合力。这应该也是兵团特有的模式，他们身体里军人的传统和现在使用的管理制度使他们具备成为一个整体的先天优势，而这种优势，我想在新疆自治区甚至在中国其他地区都很难实现。除了这种集团化的模式外，兵团也会采取由某一农业经营公司与国有农牧团场联合成立股份有限公司的模式，农场是主要出资人和公司的大股东，实现农场管理者与企业的分离，按照公司制规范运行。另外，还有一种模式是通过行业协会牵头，统一组织生产和销售，使众多分散的小规模生产经营者联合起来形成统一的较大规模的群体，实现规模效益。

总结起来，兵团一方面要实现政府和企业的分开，让企业通过市场行为获得商业利益，另一方面则是通过各种不同手段实现规模的聚集，用庞大的生产能力掌握话语权，产生更大的利益。

通过对兵团了解的不断深入，我觉得兵团农业发展速度快、规模大，最重要的原因是新疆广阔的土地面积和兵团极高的机械化水平。在这里，

农业机械化程度超过85%，农田耕地、播种的机械化作业水平分别达到99%、98%，小麦、水稻、油料等3种作物生产甚至已全部实现机械化，就连棉花生产机械化程度也能达到85%，这在埃及甚至整个阿拉伯地区都是很难想象的。

由于和埃及具有相似的自然环境，棉花产业逐渐成为兵团的经济支柱之一，产量能够达到中国的1/6。从1995年开始，兵团的棉花产量、人均棉花占有量、商品出口率一直居中国第一；棉花年产值占新疆兵团农业总产值的57.5%，棉花收入占从业人员年收入的70%。从2001年起，兵团开始推广使用机采棉，从美国引进了先进的采棉机，并根据新疆本地的特点进行了改造，还出台了一系列的规程和质量标准。目前，仅在很小的一片区域内，新疆兵团就拥有采棉机305台和与之配套的57条棉花清理加工生产线，机采棉累计收获面积13.53万公顷。我又要再次强调，只有在兵团能够实现这样的壮举。

来到兵团以后才知道，兵团绝大部分团场都处于边境地区、河流下游、沙漠边缘这些自然环境恶劣的地方，水资源尤为匮乏。这样恶劣的自然环境对人的生存都是巨大的挑战，更何况还要在这里进行农业生产。为了解决这个问题，多年来兵团人一直努力探索节水之路，使他们的节水灌溉事业走在了中国乃至世界前列，为所有生活在沙漠地区的人类提供了一个非常有现实意义的范本。

在兵团第八师一五〇团和新疆天业（集团）有限公司的采访，让我有幸深入了解了兵团的农业节水科技。在亲眼目睹这套技术的应用之前，我无论如何都无法想象到在这样的荒漠和戈壁滩上，竟然会有如此惊人规模的各种作物。这让我又一次想到我的祖国埃及，那里也是干旱少雨，遍地沙漠，种植作物主要依靠尼罗河水的灌溉，连种植一片草地都非常不容易。从这个方面来说，新疆与埃及虽然有着相同的环境，农业发展却有天壤之别，这里的农业节水科技简直是人类创造的一项奇迹。如果能够把这套技术引进到埃及，那一定能够改变整个埃及的农业面貌，这对阿拉伯国家的影响将是惊人的。

如今，兵团绿洲现代农业已几乎全部采用薄膜下的滴灌技术，这项技术是兵团通过研究国内外先进滴灌技术并与新疆当地实际情况结合后，逐渐摸索出的将节水灌溉技术和农田种植薄膜覆盖技术两项技术集成的一项关键技术。1999 年，这项技术开始在兵团第八师进行实验性推广，并在这个过程中得到了不断的完善和发展，并终定型。它颠覆了延续几千年的使用大量水浇地的传统，变成给植物"打点滴"，水流顺着水管上的孔直接到达作物根部，用水量因此减少了至少 40%。兵团天业集团的节水项目负责人刘经理向我介绍，天业集团自主开发了价格低廉的实用性滴灌带，再加上兵团自行研发的微型软管技术，大幅度降低了这套系统的投入，使滴灌技术走入了新疆的千家万户，在中国乃至世界都处于领先地位。这项技术的推广从棉花、加工番茄等经济作物入手，逐步应用到粮食、蔬菜、水果等作物种植，

新疆天业（集团）有限公司总经理（右二）介绍节水科技技术应用。

带动了干旱区绿洲农业的现代化革命，形成了全新的农业生产模式。目前，兵团高新节水灌溉超过 1300 万亩，占总灌溉面积的 70% 以上，实现年节水 10 多亿立方米。

除了惊人的节水技术，兵团在生态保护方面也作出了让世界震惊的贡献。中国科学院新疆生态地理研究所莫索湾沙漠研究站成立于 1960 年，50 多年来一直从事土地退化、风沙防治方面的研究工作，以及有关方面的技术研发、技术集成和推广。研究站的宋研究员是中国科学院新疆生态与地理研究所生态学专业的硕士生，在研究站已经工作了 10 年。通过他我了解到，研究站不仅在国内有防风固沙的项目，还将技术推广到利比亚、埃及等国家，由科技部出资，研究所派出技术人员，结合当地的环境，做一些绿色项目帮助这些国家进行风沙治理，取得了良好的效果。作为一个在沙漠国家长大的人，我深知风沙对自然环境的破坏和对人们生活的影响，有了这项技术的推广，沙漠变绿洲将不再是一个梦。

驼铃梦坡沙漠公园是兵团第八师一五〇团场辖区的一个沙漠主题公园，每年大概有 50 万人来此旅游，除了想饱览沙漠景观的中国内地游客外，还吸引了来自美洲、非洲等地的外国游客。一五〇团的创造力还不仅限于此，这个成立于 1958 年的团场进入沙漠腹地将近 70 公里，素有"沙海半岛"之称。面对这样恶劣的自然环境，团场从成立之初就致力于改善生态环境，对荒漠植被进行严格封育保护，同时在农田周边三公里范围内的荒漠人工种植当地的一种特有植物——梭梭，并建设荒漠防风固沙林，从根本上阻止了流沙的移动。我很难想象眼前这片绿洲竟然是从沙漠变来的，只有路边整齐的防风林摇曳的树枝在向我诉说这段沙漠变良田的历史。

在采访的过程中我还听到一个小故事。据说上个世纪 70 年代，美国的一颗人造卫星很惊奇地发现古尔班通古特沙漠中有一块新出现的绿洲，为此联合国派出 13 个国家的专家前来考察，发现这是兵团一五〇团第一代军垦人营造的 47 公里防护林，被专家们誉为"人进与沙退和谐相处的奇迹"。

经过多年的不懈努力，一五〇团终于在沙海半岛上构筑起了强大的"绿色屏障"。截至 2014 年春季，一五〇团拥有林地 344502 亩，人均拥有绿地 19 亩，全团森林覆盖率达到 38%，镇区绿化覆盖率达到 42%。

工业是一个国家的命脉

所有阿拉伯国家都信奉一句话——工业是一个国家的命脉。中国随着改革开放的步伐飞速发展，工业也搭乘了改革开放这趟"高铁"一路驶向辉煌。兵团工业同样经历了恢复、整顿、改革、腾飞的发展过程，经过几十年的建设与发展，逐步建立了比较完备的工业体系。

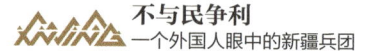

　　新疆爱立泽纺织有限公司是一家专业从事纺织的公司，位于新疆工业城市——石河子市的开发区内。这家公司是沙特阿拉伯外商投资的独资公司，成立于 2007 年 7 月 3 日，投资金额达 5000 万美元，注册资金 3000 万美元。来到爱立泽的纺织车间，只见一排排高大的纺织机整齐地排列在宽阔的厂房里，不时有身穿工作服、头戴帽子的员工在机器间穿梭忙碌。这些员工的面部特征告诉我，他们来自不同的民族，这些语言、习惯都不一样的人在一起工作相处非常和睦。

　　这次采访最愉快的就是工厂的两位负责人都是埃及人。在中国有句

莫索湾沙漠研究站附近风沙防治情况

老话叫作"老乡见老乡，两眼泪汪汪"，在中国最西部的边远地区能遇到自己的同胞是一件让人非常激动的事情。于是我也顾不得旁人，与两位负责人用阿拉伯语亲切地交谈起来。通过交谈我了解到，爱立泽纺织是石河子经济开发区通过招商引资建立的，当初他们决定在这里投资办厂还是因为新疆的棉花品质好，有了优质的原料，生产出高品质的产品自然是容易的事情。两位埃及老乡已经在这里生活多年，早已经习惯这里的一切，他们告诉我，在这里就跟在埃及一样方便。

2015 年兵团完成工业增加值 426.61 亿元，其中，国有控股企业增长 10.0%，轻工业增长 14.7%，重工业增长 25.1%。发展较快的当属制造业，其中农副食品加工业、纺织业、食品制造业和塑料制品业等都已经形成了较大规模，成为兵团工业的重要支柱。但是，很长时期兵团工业主要是对一些农产品的粗加工，深加工产品的比例太低，而且以高消耗、高投入、低技术含量产品为主的轻工业在兵团工业中所占的比重一直高于重工业，所以产品附加值低、劳动生产率低。近年来，随着兵团新型工业化道路发展战略的实施和投资环境的改善，招商引资取得重大突破，像爱立泽这样的外资企业不断落户各经济开发区，引进的先进生产设备和技术极大提高了兵团的工业发展水平。如今，兵团的农产品加工基地和优势矿产资源转换基地雏形已基本形成，氯碱化工、节水器材、农产品加工及装备制造等项目已经形成规模，成为兵团工业增长的重要组成部分和工业化的推动力量。

全兵团工业总产值从 1981 年的 96202 万元增加到 2015 年的 583.4 亿元，增长了 60.64 倍。现在，新疆兵团已经形成了电力、煤炭、冶金、机械、建材、纺织、轻工、食品、化工、医药 10 大类 55 个种类，门类齐全，品种繁多，以农林牧产品加工业为主体，与能源工业和基础工业相配套，具有一定规模和生产水平的工业体系。

远方的客人请你留下来

据石河子经济技术开发区的园区负责人向我们介绍，石河子经济技术开发区设立于 1992 年，2000 年成为国家级开发区，经过 20 多年的开发建设，到 2010 年，开发区注册企业 692 家，其中外资企业 24 家，累计完成招商引资到位资金额 240 亿元。到 2015 年，开发区实现生产总值 280 亿元，年均增长 28.7%，其中工业增加值 240 亿元，年均增长 33.3%，实现税收 60 亿元，年均增长 39.2%，已形成了纺织、食品和农用装备三大产业群。

　　近几年来，兵团的石河子国家级经济技术开发区吸引了大量的民营资本以及来自境外的资本投入，国有资本的比重逐步下降，加速了兵团投资结构的优化。截至2015年底，新疆兵团累计批准外资项目283个，已有澳大利亚、德国、荷兰、瑞典、西班牙、荷兰、日本、泰国、新加坡、美国、俄罗斯、韩国、开曼群岛、英属维尔京群岛、马来西亚、加拿大、英国、沙特、哈萨克斯坦、乌兹别克斯坦、香港和台湾等国家和地区投

资新疆兵团。

采访中我一直有这样一个疑问，新疆地处中国西北边疆，经济并不发达，且自然环境与沿海城市相比又十分恶劣，为什么会有这么多外资企业愿意在这里投资办厂呢？带着这样的疑问，我采访了园区的负责人。他告诉我之所以有那么多外资企业在兵团投资办厂，是因为兵团不但对投资者在税收、收费、土地价格等方面提供诸多优惠，并且积极推行人性化服务，用真情吸引投资者。在大力建设和完善公用基础设施和工业园区配套基础设施等硬环境的同时，兵团切实注重改善和优化投资软环境。这一点我在园区采访时有切身的体会。爱立泽公司所在的石河子经济技术开发区里不但先后开发了东苑群岛、伯爵庄园等环境优美的中高档居住小区，还有爱家、苏宁电器等大型超市，解决了人们吃、住、行、娱乐等生活需求，极大地方便了园区企业职工和家属。爱立泽公司的埃及老乡还告诉我，从开始到现在开发区提供的服务很多。爱立泽公司刚开始建设的时候，开发区管委会副主任放下一切工作直接挂名到厂里做领导，专门负责厂子建设的协调、服务等工作，直到厂子开始运营走上正轨。我想如果我是一个投资者，也会非常愿意在这里投资办厂。

兵团不仅大力推行招商引资，利用外国投资提高经济发展水平，还积极发展出口贸易。由于兵团有不少地处边境的农场，发展边境贸易有先天优势，加上中国鼓励边贸的各项优惠政策、新疆自身得天独厚的人文优势以及周边国家经济的快速发展，使得兵团的边境贸易得到了迅速发展，在兵团对外贸易中的地位不断提高。兵团近年来积极参与打造亚欧腹地的物流枢纽、商贸中心，与中亚及周边国家贸易额已占兵团外贸总额的 70%，奠定了向西开放基础。

采访结束，乘车返程的路上，我透过车窗望着外面湛蓝的天空，突然一只鸟划过天空飞向远方。我想，兵团的经济发展不正像这只翱翔天空的鸟一样，越飞越远，越飞越高吗？

石河子经济技术开发区负责人

采访实录 1：中国科学院新疆生态地理研究所 莫索湾沙漠研究站
参访人员：宋研究员

艾哈迈德：这个站什么时候成立的？

宋研究员：1960 年成立。50 多年来一直从事土地退化、风沙防治方面的研究工作，以及有关方面的技术研发、集成和推广。现在涉及的植物数十种，大多分布在干旱区、半干旱区。

艾哈迈德：您的专业是？

宋研究员：我学的是生态学，就读于中国科学院新疆生态与地理研究所，在这个所工作已经 10 年。

艾哈迈德：你们这个所有什么比较显著的成就吗？

宋研究员：目前国内主要在新疆本地及甘肃，境外在利比亚、塔吉克斯坦、毛里塔尼亚、埃及都有项目涉及。合作方式就是以签订备忘录的形式，科技部出资，由我们这边派技术人员，结合当地环境，做一些力所能及的绿色项目。利比亚项目已结束一年，毛里塔尼亚项目正在进行中。在新疆本地，我们课题组在做免灌人工林等项目，比如在古尔班通古特沙漠周围利用积雪融水种植梭梭、沙枣树等为主的灌木丛系，将周围风沙外围固定住，然后再向田地靠近，种植大的灌木林带。与甘肃的合作就是我们引进他们的苗木，在新疆本地试种，因为他们也有自己的治沙站、研究所。

艾哈迈德：主要使用的是哪边的技术？

宋研究员：荒漠化方面主要是我们自己的技术。我们所在全疆分布有 9 个

研究站，有的在地方，有的在兵团，比如阜康站在兵团，策勒站在地方。以技术研发为主，向全疆及疆外推广。穿越塔克拉玛干沙漠的公路最初设计的530公里，两侧的绿化各100米，都是我们与塔里木石油公司合作做的。关于防沙治沙、技术集成与推广等方面，我们还将与驼铃梦坡沙漠公园有一些合作。

　　艾哈迈德：1960年全疆沙漠面积是多大？现在已经绿化的面积有多大？

　　宋研究员：这个暂时还没有统计过。我们这一块大约已经绿化面积有3000亩（约200公顷），主要种植梭梭、红柳、沙枣树等耐干旱、耐盐碱的荒漠植物。

　　艾哈迈德：这边的技术跟其他国家有什么不一样？

　　宋研究员：一方面我们是立足于本土，发挥自己的优势，因为生态环境、气候条件不同，种植方法不同，自身环境和需求是不一样的；另一方面国内外

宋研究员（左一）接受作者采访。

系统不同，比如都是沙漠，利比亚是海岸性气候沙漠，我们是内陆性气候沙漠，都是相互技术的结合。

　　采访实录2：驼铃梦坡沙漠公园
　　参访人员：一五〇团宣传科及办公室领导

　　艾哈迈德：能否大体介绍一下你们团场？
　　宣传科：整个团场人口近2万人，从事农业生产4000余人，耕地面积大概25万亩，主要以棉花为主。1958年建团，成立时这边全是沙漠和荒漠植被，主要是转业人员和支边青年开垦荒漠，大概1000人左右，他们的主要任务就是将沙漠变成绿洲。

艾哈迈德：57 年时间里，一五〇团最大的成就是什么？

宣传科：主要是将沙漠变成绿洲，25 万亩全是，原来以农业为主，现在逐渐向第二、三产业方向发展。棉花每年产量大概 10 万吨，主要用于兵团棉麻公司销售，内销多一些。每年职工人均收入 7 万元，2 万人口人均收入是 2.6 万元。

艾哈迈德：驼铃梦坡景区是什么时候创建的？

宣传科：1996 年台湾诗人徐望云取名，2006 年开始大力开发，2008 年投入资金，慢慢发展壮大，2012 年在此举办了新疆第八届国际旅游节。每年大概有 50 万人来此旅游，纯利润在 200 万 –300 万 / 年，同时带动了当地农副产品销售。和国际、国内旅行社都有合作，内地游客主要过来观看沙漠，或通过野外拓展基地做一些特训等。外国人每年占游客的 0.3% 左右，非洲、欧洲、美洲游客都有。

艾哈迈德：这个景区大概有多少工作人员？

宣传科：差不多 30 多个人。有一支导游队伍，12 人。

艾哈迈德：这个景点未来规划是怎样的？

宣传科：下一步在保护沙漠原貌的基础上及国家政策允许的情况下，通过招商引资，进一步加大资金投入来发展。团场的发展方向由生产转为旅游，具体发展战略还需要请专家过来考察测定。

艾哈迈德：团场一年总收入大概有多少？

宣传科：总收入 12.6 亿，2015 年计划达到 15 亿元。

采访实录 3：新疆爱立泽纺织有限公司
参访人员：两位埃及负责人、经济开发区负责人

艾哈迈德：这个公司是百分之百阿拉伯人的投资吗？

负责人：百分之百，这里所有的人都是为阿拉伯人打工。

艾哈迈德：合作条件是什么？他们跟谁合作？

负责人：公司属于开发区招商引资进来的，享受开发区创造、生产、建设一切服务以及国家级开发区的优惠政策，2007 年开始在这边做。

八师一五〇团宣传部副部长接受作者采访。

艾哈迈德：它在中国有四个工厂，为什么有一个选在了新疆？

负责人：因为新疆的棉花是独一无二的，石河子棉花产量又占据兵团 1/4 以上，占新疆的 1/16，所以棉花资源优势也是他们生产原料优势所在。原料在这里生产，然后发往内地其他公司加工、制作成产品销售。石河子市还被命名为"中国棉纺织名城"，棉花产量已达到 250 万吨以上，是西北地区棉纺织生产产业基地，全国排第三名。

艾哈迈德：经济开发区还有其他类似的公司吗？

负责人：另外还有一个新加坡投资的公司，主要做建筑材料方面。所有优惠政策都是和国家一样的。

艾哈迈德：他们一共投资多少钱，雇佣了多少员工？

负责人：3000 万美元，400 多名员工，60% 的少数民族，维吾尔族和回族人数多一点，哈萨克族也有一小部分。

石河子经济技术开发区管理人员

艾哈迈德：日常跟这几个埃及人沟通有什么问题吗？

负责人：因为都有翻译，所以沟通上还是不存在问题的。

艾哈迈德：你们觉得他们跟维吾尔族有什么差异吗？

负责人：文化差异可能大一些，饮食习惯、宗教习惯比较类似。

艾哈迈德：原料基本在这边采购？人均收入大概多少？

负责人：对，基本就是在石河子地区采购。员工年收入人均在4万元左右，利润每年情况都不一样，这几年纺织行业都不是太景气，也有可能会出现不赚钱的情况。

艾哈迈德：开发区跟兵团有什么关系？

负责人：开发区是兵团下面的一个单位，是第八师石河子市的派出机构，负责整个区域的开发建设。也就是说，第八师是兵团下面的一个师，石河子市又是自治区的一个直辖市，所以开发区有着双重身份。

以人为本，以文化人 ▶

　　大红色的窗帘、洗衣机、彩色电视机……相对于荒芜的黄土地，它们的出现让我有点惊喜。而这些都是我进到当地一户哈萨克族游牧民家中所看到的。之所以对这户人家印象比较深刻，是因为这户人家比我之前所去的另一户游牧人家——热马扎家，明显要富足许多。在之前拜访的热马扎家中，几乎是看不到任何家用电器的。当然，如果把这家和之后采访的定居的哈萨克族相比，条件还是要相差非常多。阿孜蓝是这家的女主人，据陪同采访的书记介绍，阿孜蓝家之所以要富足一些，是因为阿孜蓝勤快能干，不但放羊还自己养鸡，鸡蛋都是纯天然的，所以销路非常好。

四、以人为本，以文化人

　　大红色的窗帘、洗衣机、彩色电视机⋯⋯相对于荒芜的黄土地，它们的出现让我有点惊喜。而这些都是我进到当地一户哈萨克族游牧民家中所看到的。之所以对这户人家印象比较深刻，是因为这户人家比我之前所去的另一户游牧人家——热马扎家，明显要富足许多。在之前拜访的热马扎家中，几乎是看不到任何家用电器的。当然，如果把这家和之后采访的定居的哈萨克族相比，条件还是要相差非常多。阿孜蓝是这家的女主人，据陪同采访的书记介绍，阿孜蓝家之所以要富足一些，是因为阿孜蓝勤快能干，不但放羊还自己养鸡，鸡蛋都是纯天然的，所以销

路非常好。

进到屋子后，过了一会才看到身穿绿色毛衣、戴着头巾的阿孜蓝端着煮好的奶茶和自己制作的点心走了进来。第一眼看到阿孜蓝就觉得这个女人看起来很有"福相"。在和阿孜蓝的交谈中，我了解到她和丈夫之前并不住在这里，之前的居住环境还没有这里好，是近几年才搬到这里的，花 4000 元买下了这房子。兵团的房子和其他地方是一样的，买下之后是可以自由买卖的。当我问到她为什么不卖掉房子选择去城里住，阿孜蓝说是因为城里没有合适他们的工作，但他们在城里已经给孩子们买了房子了。

在后来对定居的哈萨克族居民山杜瓦哈斯的采访中，我了解到，兵团的房子不仅可以分期付款，还可以长期租赁，而且兵团的师、团都会有补贴。像山杜瓦哈斯居住的房子是 113 平方米，但只需要自己出资十一二万就属于他了。但兵团的房子也并不都是同样价格，每个团的房子价格都有所不同，有的在 3000 元／平米左右，有的在 5000 元／平米左右。房子的价格之所以会不同，和房子的类型也有关系。一般普通商品住房，就是面向中高收入家庭的商业化住房会比其他的稍微贵一些。在这里其他住房还包括：经济适用住房，是指政府提供优惠政策，限定面积和销售价格，面向城市低收入住房困难家庭供应，具有政府福利性质的政策性住房；公共租赁住房，是指由政府或者政府所属的公共机构建造或者购买，属政府或公共机构所有，具有保障性质，用于公共租赁的住房；廉租住房，是指政府向符合城镇居民低收入标准且住房困难家庭提供的具有社会保障性质的住房。

从几十年前当地居民居住的一种半地下的土房子，到现在这么多种类的住房，看来兵团确实很重视对大家居住环境的改善。

阿孜蓝家有一男一女两个孩子，哥哥今年 13 岁，妹妹今年只有 9 岁。由于实行九年免费义务教育，阿孜蓝的孩子们上学是不需要缴纳学费的，但是每个孩子每月 600-700 元的生活费和交通费要由他们自己负担。由于山区牧民居住分散，没有校车接送，为了确保安全，孩子们所在的学校实行寄宿制，而我们去的时候刚好孩子们都在上学，所以没有见到

在新疆生产建设兵团第二中学就读的学生。

他们。阿孜蓝家中墙上挂着一幅妹妹画的画，从画上我感觉到这个女孩的性格应该是非常开朗的。问到阿孜蓝希望孩子们以后学什么专业时，她和其他的牧民父母有所不同，更希望孩子可以自由发展，喜欢什么学什么。在我采访的众多家庭中，许多父母由于兵团的特殊性，都希望孩子将来可以读医学，回到牧场中当兽医，或者学习管理类的专业，以后可以继续在兵团的"屯垦戍边"工作中有所作为。

教育，对于发展而言是非常重要的，这是全人类共同的话题，无论是在埃及还是在中国都不会改变。张楠告诉我，从上世纪 50 年代初开始兵团就很重视教育工作，并把发展教育事业纳入优先规划、优先投入、优先保障，并且还制定了许多加快教育发展的政策措施。

学前教育发展：在兵团创建之初，就适时创办发展了幼儿教育，每个团场至少建成一所示范性幼儿园，初步建立起方便就近、公益性的学前教育。到 2014 年，兵团学前两年入园率达到 84%。

义务教育发展：兵团认真落实与教育部签署的义务教育均衡发展备忘录，按照时间表和路线图落实相关职责，有序推进师域内义务教育均衡发展工作。2014 年，兵团有 81.2% 的师直和团场学校实现了义务教育初步均衡发展的目标。

双语教育发展：兵团把推进双语教育工作作为各级政府的重要职责来抓。目前，兵团幼儿双语教育学前两年覆盖率达到 94.18%，接受双语教育的学生占 88.01%。

普通高中教育发展：优质高中资源不断拓展。通过集中办学、加强重点高中和示范性高中建设，兵、师直属中学已成为当地高质量、高水平的优质窗口学校，兵团高中阶段毛入学率达 90%，进入中国西部先进行列。

职业教育发展：兵团职业学校发展适应了初中毕业生分流的需要和干部文化教育提升的需要，形成了每个师集中办好一所中职学校的办学格局。85% 的职业学校建立了职业技能鉴定所，学校毕业生取得"双证书"的比例达到 90% 以上，就业率连续多年达到 98% 以上。

高等教育发展：兵团高等教育实现了历史性的跨越，兵团高等教育规模达到 5 万余人。石河子大学成为"211 工程"重点建设高校、教育部与兵团共建高校；塔里木大学成为南疆具有重要影响的高校；石河子职业技术学院成为全国示范性高职院校；兵团电大充分利用开放教育试点，成为兵团唯一一所现代远程高等教育中心。

与阿孜蓝的谈话一直在轻松的氛围中进行着，这个哈萨克族妇女质朴的性格深深地感动着我。当我夸赞她的房子很漂亮时，她略微腼腆地回谢了我。当阿孜蓝说夏天时她的老公要带着羊去其他地方，她就一个人在家等着孩子周末回家，我感到略微有些吃惊。要知道，这一路上几乎没有几户人家，出门就是群山，我心里不由得对阿孜蓝又多了几分敬佩。阿孜蓝的老公是兵团职工，我想这也是阿孜蓝家比其他家庭条件要好一些的原因之一。因为兵团职工的待遇会比其他地方好一些，用牧民自己的话讲就是"兵团职工退休之后，每个月都可以领退休金，不需要再继续劳动生活就可以得到保障"。

据这里的书记介绍，兵团的养老保险制度发展已走过半个多世纪了，不但使团场离退休职工能够安享晚年生活，而且逐渐形成了一套既不同于城镇养老保险制度又不同于农村养老制度、有鲜明特色的兵团养老保险制度。兵团养老保险制度的特殊性是与其自身特殊结构分不开的，可以说正是兵团这个组织本身的特殊性造就了兵团养老保险制度的特殊性。

在查阅了一些资料后，我了解到兵团的养老保险制度大概具备这样的一些特点。比如说养老保险覆盖面很广，参保率很高。兵团的养老保险覆盖人员包括社会的各个领域，而且兵团主要的支柱产业是农业，人口的绝大多数是从事农业生产的职工，从工作性质而言与农民没有区别，但兵团能够保障这些从事农业生产的职工在退休之后也能享受到养老保险带来的好处。让农民能够享受到养老保障是中国养老保障需要解决的

作者与阿孜蓝（右一）在她家屋外的合影

重点也是难点问题，可以说兵团养老保险在这方面取得了非常大的成就。

一个小时的时间转眼就过去了，虽然和阿孜蓝交谈得很愉快，但是按照行程我们不得不告别阿孜蓝前往下一个目的地。在我们走的时候，她一路送我们到很远，然后飞快地跑到了边上的山坡上。同行的人告诉我，这里只有山坡才有通讯信号，她要告诉她的丈夫，今天有人来看她了。直到今天，我还能回想起阿孜蓝煮的奶茶的淡淡香味，以及阿孜蓝身上那种"力量"，让我觉得这个母亲、妻子与众不同。

其实，兵团除了在住房、教育、养老方面与其他地方的政策有所不同，在医疗方面也有它自己的特殊性，这些也是我在后面的采访中慢慢了解到的。在采访的过程中，牧民告诉我每个牧场都会有固定的医生，医生会定期分地点进行巡诊。牧民有意外情况打电话给医师，他们就会上门看病。而对于他们个人的医疗保险，兵团已经以一个超级企业的形

象为它的职工实现了全面的医疗保险。

兵团职工基本医疗保险由用人单位和职工个人共同缴纳。用人单位缴费率控制在职工工资总额的 6% 左右，职工缴费率为本人缴费基数的 2%。用人单位和职工个人按月缴纳基本医疗保险费，这和中国大部分地区（包括我在宁夏的公司）的情况基本相同。

住房、教育、医疗、养老这些都是每个人生存的基本保障，我想正是因为兵团对这些方面的重视，才能让居民们都安心地在兵团里世世代代安居下来，为兵团的发展贡献他们自己的力量。

采访实录 1：哈萨克族游牧民——阿孜蓝

艾哈迈德：看得出来，这户牧民更富有一些。

书记：阿孜蓝比较勤快，自己养鸡下的鸡蛋可以出售，一个鸡蛋 1.5 元。因为是纯天然、绿色、无公害的，所以有人专门过来收购，我们也买她们的鸡蛋，真的很好。

艾哈迈德：冬天这样的房子应该会很冷吧？

张楠：冷得很，暖气要差很多。

艾哈迈德：哈萨克族跟维吾尔族的关系怎么样？

书记：还可以。平时做生意，过来收购的多是维吾尔族人，维吾尔族人经商理念比哈萨克族人要强一些。

艾哈迈德：您叫什么名字？

阿孜蓝：阿孜蓝。汉语意思："阿"字，就是上学第一个学的"阿"字。蓝，就是蓝天的意思。

艾哈迈德：汉语说得这么好！您家是哪里的？有几个孩子？

阿孜蓝：娘家在昌吉，有两个孩子，一个男孩 13 岁，一个女孩 9 岁。

艾哈迈德：打算让您的孩子上大学吗？让他们学什么专业？

阿孜蓝：要上大学的。喜欢什么专业就学什么，这个让孩子自己去选。孩子想上北大、复旦大学的内高班。

书记：（内高班）是国家免费项目，需要经过考核。

艾哈迈德：现在上学免费吗？

阿孜蓝：九年义务教育是免费的，生活费、交通费需要自己出钱。

艾哈迈德：你们这个房子怎么盖得这么漂亮？

阿孜蓝：不算漂亮吧，也都是土房子，好些年了。在西山买了楼房，91 平米，28 万，买给孩子的。自己就住在现在这个房子里，夏天老公带着羊去其他地方，我在这喂喂鸡，等着孩子周末回家。

艾哈迈德：您一个人在这不害怕吗？

阿孜蓝：当然怕，但是没有办法，邻居都住得比较远。

艾哈迈德：您今年多大了？

阿孜蓝：我今年 44 岁，我老公 43 岁，他的汉语没有我好。

艾哈迈德：哈萨克族都是娶几个老婆？

阿孜蓝：国家实行的是"一夫一妻"制，哈萨克族也是一样的。

艾哈迈德：你们家养了多少只羊？

阿孜蓝：170 只羊，20 只鸡。今年天气干旱，又遇雪灾，买草买料投入大一些。兵团一只羊免费补助 4.5 公斤草料，剩余自己购买，今年包括买羊投入将近 5 万元。

艾哈迈德：您老公一年中什么时间会回到这边？

书记：11 月—6 月份在这边，6 月份她老公带羊去其他地方。

阿孜蓝：我跟孩子在这个地方就算是定居了，不过这地方就是手机没有信号，打电话要去外面山头打。

艾哈迈德：这个时代没有信号很是个问题，兵团不能给解决吗？

张楠：这边地广人稀，分布比较分散，这也需要考虑成本和经济的问题。

艾哈迈德：羊的价格怎么样？

阿孜蓝：去年每只 800 元左右，按只出售，平均每只都在 16 公斤左右。今年受天气和市场影响，就不好说。卖给昌吉过来收购的生意人，不会赊欠，兵团不参与出售。

书记：1998 年以前，销售统一归兵团管理，1998 年之后，牧民自主销售。

艾哈迈德：为什么后来改变了这个政策？

书记：对兵团来说，统一销售负担比较重，而且牧民的积极性不高。所以，放开了政策管理。

艾哈迈德：那牧场现在有收入吗？

书记：收入少，全场一年上交不到 20 万。草场不长草的地方，我们可以租赁出去，用于盖厂之类的，但他们（指租地的人）不能放羊，即使付再多的钱也不可以。我们每年要做防疫，要保证牧民牲畜的安全。

艾哈迈德：防疫这一块，兵团和自治区是一样的吗？

书记：这一块会有不同。个别地方可能会收取防疫费、月费，兵团是不收取的。

艾哈迈德：这边没有信号，羊生病怎样联系医生？

书记：附近有人，基本都有信号。阿孜蓝家也可以去山顶打电话。另外，每户交 500 元，也可以安装信号接收器接收信号。

艾哈迈德：孩子放假的时候，在这边能做什么？

阿孜蓝：做作业，看书。

艾哈迈德：您的家里人都在哪里？

阿孜蓝：娘家人在昌吉回族自治州，机场附近。他们也经常过来看我。娘家种地，但是我们这没有水，不适合种地。

艾哈迈德：你们赚得多，还是娘家人赚得多？

阿孜蓝：差不多都一样的。

艾哈迈德：为什么夏天不去娘家一块住？

阿孜蓝：房子里还有很多东西，也不太方便。

艾哈迈德：您在这个地方待了多久了？

阿孜蓝：8 年。老公家 7 个孩子，以前都在黑家沟住，结婚后 5 年才分开住，分给了 30 只羊。现在住的房子是别人盖的，我们后来买下了，加羊圈一共 4000 元，可以住一辈子。有合同，所以也可以自由买卖。草场是公家的，可以使用，但不能卖，也不能分给别人。

艾哈迈德：如果她们搬走，你们怎么安排？

书记：从其他牧场将那些人多草场小的住户调过来，做内部调整。

艾哈迈德：您觉得兵团这种管理有什么不好吗？

阿孜蓝：挺好的，没什么不好。

艾哈迈德：你们赚钱怎么用？

阿孜蓝：两个孩子生活费、交通费一个月 600—700 元。学校离家大概有

十二师一〇四团牧二场场长（右二）介绍兵团为牧民家配备的太阳能板。

60 公里左右。出于安全考虑，学校周一到周五不让回家。因为居住分散，距离较远，交通不便，学校无法提供专车。

艾哈迈德：这边的兽医会收你们钱吗？

阿孜蓝：不收费的。

艾哈迈德：你们为什么不卖掉房子，放弃这样的生活去城里住呢？

阿孜蓝：没有合适我们的工作。

艾哈迈德：您为什么戴这个头巾？去过清真寺吗？

阿孜蓝：哈萨克族人的风俗习惯，结婚之前可以不戴，但是结婚后必须戴。我们哈萨克族女士不去清真寺，男士去，比如主麻日、开斋节。

艾哈迈德：开斋节怎么过？

阿孜蓝：开斋节做礼拜，开斋之前，邻居朋友互相串门转房子。

艾哈迈德：您听说过埃及和阿拉伯国家吗？

阿孜蓝：埃及在电视上听说过，知道埃及有金字塔。其他阿拉伯国家有听说，但说不出名字。

艾哈迈德：您见过外国人吗？

阿孜蓝：没有呢，你是第一个，看着像维吾尔族人呢。

艾哈迈德：您觉得哈萨克族和维吾尔族有什么区别？

阿孜蓝：还是有不一样的。比如哈萨克族奶茶都加奶，有时还加盐，但维吾尔族有的不加奶的。

艾哈迈德：汉族朋友多还是维吾尔族朋友多？

阿孜蓝：汉族的朋友多一些。

艾哈迈德：好的，谢谢。

采访实录 2：畜牧连定居牧民

参访人员：牧民穆罕迈德、书记哈尼·木汗

艾哈迈德：您今年多大？

穆罕迈德：73 岁。

艾哈迈德：什么时候搬过来的？

穆罕迈德：2011 年搬过来的。之前在牧场一直做兽医，1970 年开始跟着当时牧场一位汉族大学生学习了 10 年兽医，从此做到退休。

艾哈迈德：做兽医时，当时兵团牧民情况与现在有什么不同？

穆罕迈德：过去兵团属集体所有，之后实行改革包产到户，每家都有自己的草场和牲畜，工作就很有积极性，退休后还会拿到工资。

艾哈迈德：兵团成立时，您有多大年龄？家人做什么工作？

穆罕迈德：我是 1942 年出生，1954 年 12 岁。家里有 12 个孩子，我是老六。其他兄弟姐妹大部分在兵团，只有一个妹妹在地方单位，四个姐姐三个已经去世。

艾哈迈德：您喜欢兵团吗？

穆罕迈德：兵团好得很嘛。

艾哈迈德：兵团有哪些地方好？

穆罕迈德：我从孩提时就在此，享受着兵团各方面带来的福利，感觉很幸福。

艾哈迈德：兵团为新疆带来了什么？

穆罕迈德：过去地方单位优先享用当地已有资源，兵团在大戈壁滩上重新开荒种田、饲养牲畜，完成自给自足基础上带动地方经济发展。

艾哈迈德：兵团与地方单位有什么区别？

穆罕迈德：兵团有兵团的纪律，地方有地方的管理。兵团能享受到的待遇地方未必享受得到，比如医疗卡、工资卡。虽然退休了，但作为兵团人的那份荣耀却一直铭记在心，并会讲述给子子孙孙后代听，让他们好好学习兵团精神。一样年纪的人，地方上却享受不了这些。

艾哈迈德：您有几个孩子？

穆罕迈德：七个。一个在和静县，一个在克拉玛依，五个在兵团。有的做老师，有的个体经商，还有一个开火车的孩子已经去世了。

艾哈迈德：您这房子多少钱？

穆罕迈德：准备买下，还没付钱。兵团、师、团补贴后，剩下的我们负责交付。

艾哈迈德：这里有汉族吗？

穆罕迈德：很少。

哈尼：我们连一共136户：汉族23户，77口人，汉族是老连队留下来的，原来种田；回族12户，59口人，也在这种田；山上牧民101户下来定居，哈萨克族是434口人。一共570口人。

艾哈迈德：第一期、第二期都有人住？

哈尼：都住上了，目前三期还没有交工。现在这房子113平米/户，三期房子要更好一些，类似

十二师一〇四团游牧定居职工穆罕迈德

别墅，上下 113 平 / 户，复式格局。

艾哈迈德：退休后，您现在做什么？

穆罕迈德：锻炼锻炼身体，见见朋友，遛弯，打扑克牌娱乐，但不赌钱，不抽烟，30 多年不喝酒了，因为胃一直不是很好。

艾哈迈德：孩子住的地方近吗？

穆罕迈德：两个大女儿在这个连队，最小的儿子跟我们住在一起，负责照顾我们。

艾哈迈德：您知道阿拉伯国家吗？

穆罕迈德：伊拉克、科威特……

艾哈迈德：中国领导里面您最喜欢谁？

穆罕迈德：毛泽东。没有毛泽东没有新中国。

艾哈迈德：毛泽东来过新疆吗？

穆罕迈德：没见过，但我跟贺龙一块照过相。

（资料补充：贺龙，中国人民解放军创始人和主要领导者之一，中华人民共和国元帅。）

艾哈迈德：1957 年是不是有一个新疆人骑驴去北京见毛泽东？

穆罕迈德：库尔班大叔，我知道这个事情，他是维吾尔族人。村民们笑他不知去北京的路有多艰难，简直就是异想天开。但老人意志坚定，不为所动，说："北京在地上，只要我的毛驴不倒下去，一直走，就一定能到北京。今年到不了明年到，明年到不了后年到。"最终，库尔班受到毛泽东的亲切接见。

艾哈迈德：见过兵团的哪位领导？

穆罕迈德：以前我们归六师管理，六师师长都见过，张仲瀚也见过。

（资料补充：张仲瀚，建国后历任中国人民解放军第九军政委和第二十二兵团政治部主任、新疆生产建设兵团第二政委、新疆军区副政委、农垦部副部长、中国人民解放军炮兵顾问，是中共八大代表和第三届全国人大代表。）

艾哈迈德：您有汉族的朋友吗？

穆罕迈德：多得很。50—80 岁之间的都有，他们大部分都退休了，经常见面，互相串门来往。生活习惯大家都彼此很了解的，我们哈萨克族喝奶茶，马肉、牛肉、羊肉、鱼肉都吃的，汉族的朋友从商店里给我们购买清真。其他的民族，也有蒙古族、回族朋友，回族吃的方面跟哈萨克族都差不多，生活其他方面跟汉族一样。

艾哈迈德：现在做礼拜吗？

穆罕迈德：仍在做礼拜，离家 3 公里处就有清真寺，每周五（主麻日）自己骑电动车或摩托车过去，身体很好。

采访实录 3：畜牧连定居牧民——山杜瓦哈斯·胡马皮亚

艾哈迈德：您今年多大年龄了？在这边居住几年了？

山杜瓦哈斯：今年 81 岁了，是哈萨克族，来此居住已经 3 年了，以前一直是在牧三场。

艾哈迈德：您可以说一下对兵团的记忆吗？

山杜瓦哈斯：我是 1954 年进入兵团的，到现在已经 61 年了。没有进兵团之前，一直在乌鲁木齐县。

艾哈迈德：您能简单说一下从乌鲁木齐到兵团的过程吗？

山杜瓦哈斯：在兵团待的 60 多年中感受到了兵团的很多变化，主要有几个方面。第一，来到兵团之后，光荣地加入了中国共产党，党的纪律性很强，以前的生活很苦，但现在条件好多了，特别是在孩子教育方面；第二，兵团干部、职工吃住的待遇都是一样的，没有特殊化；第三，现在在兵团的生活很幸福，医疗卡、养老金都有了。

艾哈迈德：乌鲁木齐当时是什么样子？

山杜瓦哈斯：当时的乌鲁木齐都是平房、土块房，去了之后，人烟稀少，没有什么交通工具，大街上都可以骑马。现在繁荣昌盛，城市大了很多。

艾哈迈德：兵团现在的地方原来是什么样子？

山杜瓦哈斯：兵团刚成立时，都是戈壁荒漠，要双手捡石头、人工开荒、种粮，吃了很多苦。

艾哈迈德：兵团当时和当地有没有发生什么冲突？

山杜瓦哈斯：兵团自己在新的地方开垦土地，自己捡石头，纪律严明，从来没有发生过冲突，从来都没想要离开过兵团。

艾哈迈德：如果没有兵团，今天新疆会是什么样子？

　　山杜瓦哈斯：没有兵团，我们的生活可能是要靠一辈子打长工，进入兵团后，可以领到工资。兵团好像是一个部队，到现在都起到稳定新疆的作用。

　　艾哈迈德：您认为兵团最大的成就是什么？

　　山杜瓦哈斯：兵团在新疆起到的作用是非常大的，特别是在生产和稳定两方面。新疆刚刚解放时，有特殊势力存在的，兵团成立后，基本都不存在了。

　　艾哈迈德：如果有外国人认为，兵团在新疆占领了很多当地的资源，为推行汉化使当地居民过得很不愉快，破坏了民族间的和谐，您怎么理解？

　　山杜瓦哈斯：简单说，不可能。兵团成立后，反而对少数民族优惠照顾，今天我们的孩子考试还仍然可以加分。宗教方面，国家政策给予宗教信仰自由，没有强制不能做礼拜、封斋。现在去商店买东西，都标有"清真"字样。

　　艾哈迈德：如果您向外国人介绍兵团，您会怎样介绍？

　　山杜瓦哈斯：兵团成立之初的名字就是"新疆生产建设兵团"，兵团人一手拿镐，一手拿枪，一边种地搞生产，一边保卫边疆。现在国防有国防部队，今天新疆的稳定已经不需要人人带枪。

十二师一〇四团游牧定居职工山杜瓦哈斯（右一）

艾哈迈德：当时多少人来到兵团？

山杜瓦哈斯：成立后，自愿由地方加入兵团。当时生活困难，吃一块馕都很困难，为了生活，亲朋好友都进入了兵团。

艾哈迈德：为什么现在兵团中的汉族人口比其他地方要多一些呢？

山杜瓦哈斯：新疆和平解放后，中国人民解放军第一兵团近 20 万军队就地转业，其中多为汉族，所以这对兵团今天的人员组成也是有很大影响的。

艾哈迈德：大体介绍一下咱们这个连队。

山杜瓦哈斯：总共有 4 个牧场，原来是戈壁滩，现在已经建设成小城镇。来这之后 3 年，卫生间、热水器等设施齐全，居住整体水平提高，孩子教育水平也比较好。

艾哈迈德：3 年前，您住在哪？

山杜瓦哈斯：牧场和这比有很大差距。以前在牧场，四季有草场，有组织、有单位，用马等工具搬家。现在方便很多，都有了车。牧场山高、空气稀薄，退休后，在兵团号召下，过来居住。

艾哈迈德：现在的房子就属于定居了？

哈尼：属于定居。可以分期付款，也可以长期租赁。兵团、师、团都有补贴，这个房子 113 平米，有地暖，出资十一二万就属于自己的了。

艾哈迈德：60 岁退休之后本打算做什么？

山杜瓦哈斯：安享晚年，没什么事情要做。每月领到 3000 元，20 多年前退休时才 300–400 元。

艾哈迈德：有几个孙子？

山杜瓦哈斯：自己有 8 个孩子，成立 8 个家庭，总共 18 个孙子，还没有孙子结婚，女儿的孩子已经有结婚的了。

艾哈迈德：您的名字"山杜瓦哈斯"是什么意思？

山杜瓦哈斯：过去穆斯林看《古兰经》取的名字，意思说不出。

我们都有一个家 ▶

　　在来新疆之前，我已经听说过这里有很多少数民族，而且都能歌善舞，身手不凡。百闻不如一见，来到这里，走在路上，街边随处飘扬着新疆民歌，就连跳广场舞的大妈也是用民歌伴奏。通过观察我发现，这里比较多的是维吾尔族和哈萨克族，维吾尔族人通常都是浓眉大眼，与我们平时所见的汉族人差异很大，非常好辨认；而哈萨克族和维吾尔族长相接近，但仔细观察还是能通过哈萨克族高高的鼻子和深邃的眼神辨认出他们。特别有意思的是，我走在街上从来没被当作外国人。有一次我到街边的小超市买东西，结账的时候店员用维吾尔语跟我讲话，我愣了一下，随即就意识到他肯定是把我当作维吾尔族人了，我一脸真诚地告诉他我是外国人不是维吾尔族人，他摇摇手表示不相信，继续跟我讲维吾尔语，最后我不得不掏出护照给他看，这才让他乐呵呵地"放过"我。采访期间，多次有少数民族的朋友对我说你这个民族同志汉话讲得不错嘛，闹得我哭笑不得，转念想想也应该算对我汉语水平的一种肯定吧。

五、我们都有一个家

在来新疆之前，我已经听说过这里有很多少数民族，而且都能歌善舞，身手不凡。百闻不如一见，来到这里，走在路上，街边随处飘扬着新疆民歌，就连跳广场舞的大妈也是用民歌伴奏。通过观察我发现，这里比较多的是维吾尔族和哈萨克族，维吾尔族人通常都是浓眉大眼，与我们平时所见的汉族人差异很大，非常好辨认；而哈萨克族和维吾尔族长相接近，但仔细观察还是能通过哈萨克族高高的鼻子和深邃的眼神辨认出他们来。特别有意思的是，我走在街上从来没被当作外国人。有一次我到街边的小超市买东西，结账的时候店员用维吾尔语跟我讲话，我愣了一下，随即就意识到他肯定是把我当作维吾尔族人了，我一脸真诚地告诉他我是外国人不是维吾尔族人，他摇摇手表示不相信，继续跟我讲维吾尔语，最后我不得不掏出护照给他看，这才让他乐呵呵地"放过"我。采访期间，多次有少数民族的朋友对我说你这个民族同志汉话讲得不错嘛，闹得我哭笑不得，转念想想也应该算对我汉语水平的一种肯定吧。

作为丝绸之路的重要节点，新疆自古就是一个多民族聚居的地区，主要有维吾尔族、汉族、哈萨克族、回族、柯尔克孜族、蒙古族、锡伯族、塔吉克族、满族、乌孜别克族、俄罗斯族、达斡尔族、塔塔尔族等13个世居民族。截至2013年末，兵团总人口270.14万人，其中少数民族人口37.54万人，占总人口的13.9%。除13个世居新疆的民族外，兵团还有东乡、保安、撒拉、裕固、布依、苗、彝、土、白、土家、瑶、哈尼、羌、仡佬、侗、壮、朝鲜、高山族等37个少数民族。人口数量排在前五位的民族是汉族、维吾尔族、回族、哈萨克族和蒙古族。由于历史和现实的原因，兵团各民族分布有着明显的区域差异，各民族遍布全疆各地的师、团和连队，同时，少数民族总体上呈"大杂居、小聚居"分布。

从人口数量上看，兵团各民族分布特点与地方相似，存在着明显的区域分布差异。总体上，兵团汉族分布北疆多于南疆，少数民族人口分布则是南北疆各半。其中，兵团80.14%的维吾尔族人口分布在南疆，占兵团南疆少数民族人口的93.84%。第三师少数民族人口最多，占兵团少数民族人口的32.12%；第十四师维吾尔族人口最集中，占总人口的70.07%。从兵团民族分布来看，南疆的兵团以汉族、维吾尔族为主，其他民族成分少、比重低，是民族分布相对单一的区域；北疆和东疆回族、哈萨克族比较集中，分别占兵团回族和哈萨克族的94.16%和99.44%。

我采访的兵团第十二师下属的牧二场就是典型的少数民族团场，据那里的书记介绍，三个牧场近3000人全部是少数民族，其中包括回族、哈萨克族、维吾尔族、柯尔克孜族，而牧二场都是哈萨克族，没有回族

和维吾尔族。采访中我还发现一个有趣的现象，在少数民族聚居的地方，汉族也能够讲一口流利的少数民族语言，这让他们之间的沟通更加顺畅。而很多少数民族群众也能够讲汉语，有部分人虽然不会说但是能听懂。能够互相交流，让少数民族与汉族之间的关系更加融洽。

汉族与少数民族的融合不仅表现在语言方面，在采风期间我还发现各民族都会不同程度地接受对方的饮食习惯。如奶茶、手抓羊肉等源于维吾尔族、哈萨克族的饮食习俗已经成了兵团各民族共同的饮食特点，而且由维吾尔族制作的手抓羊肉、风干牛肉等有的已经成为兵团乃至新疆地区的饮食品牌；奶茶也已成为回、汉等民族日常喜欢的饮品；在少数民族聚居团场的汉族更是养成了只吃牛羊肉的生活习惯；少数民族在同汉族交往中也逐渐有所改变，像哈萨克族这样的游牧民族，过去的食物主要是以肉类为主，现在食用蔬菜的量大为增加，并且学会了炒菜；一些少数民族跟汉族学会了种菜，逢年过节还会包饺子；大饼、面片、

拉面等源于回族和汉族的饮食习俗同样也成了维吾尔、哈萨克等民族的喜食食品。

除了语言和饮食方面，连这里的建筑风格也体现了民族融合的特征。比如街上的很多建筑都吸收了少数民族的特色，也包含了汉族的特点。传统的少数民族特色房屋多为土建筑或砖建筑，开窗少而且较小，房屋普遍较低矮，房屋中纵深较深，庭院多植葡萄树。随着民族融合的加深，少数民族的建筑也吸收了汉族建筑的特点，如有的家庭房屋开窗变大，屋内装饰也吸收了汉族的装饰风格。还有不少定居的哈萨克族的房屋按照汉族建筑方式修建，也有的按照维吾尔族传统庭院建筑方式修建的。

兵团各族职工由于长期工作、生活在一起，彼此之间形成了浓厚的感情，尽管有生活习惯上的差异，但不同民族比邻而居的情况却很常见。在采访头屯河牧场清真寺的苏阿訇时，他就告诉我说当地的回族与其他少数民族非常团结，他女儿结婚的时候，汉族和维吾尔族的朋友都到清真寺参加了婚礼。结婚能被邀请参加婚礼的当然是关系较为亲近的人，我想这恰恰说明了不同民族人民之间有着深厚的感情。

在兵团我还发现民族融合最突出的表现当数艺术方面。采访期间，不只一次有人告诉我在民族团场，每逢节假日，或家中喜事，亲朋好友都聚集家庭院落举办"麦西来甫"，唱歌、跳舞，弹起都塔尔、提琴、热瓦甫，打起手鼓，唱起高亢奔放的维吾尔歌曲，跳起欢快优美的舞蹈，很多汉族人、回族人也加入其中。我曾在石河子街头看到傍晚的广场上，当欢快的音乐响起，很快就会聚集一群由汉族和少数民族组成的广场舞"舞蹈团"，他们随着音乐一起舞动，气氛融洽，而播放的音乐多是少数民族歌曲。

打起手鼓唱起歌

在中国一提到新疆，很多人的脑海中不禁就会浮现身穿彩色长裙、头戴花帽的维吾尔族少女甩动着满头的发辫伴着音乐起舞的场景。维吾尔族能歌善舞在中国是家喻户晓，他们还擅长演奏木卡姆，这种表演形

作者与哈密木卡姆培训班合影

式将音乐、文学、舞蹈、戏剧等形式运用其中,既有抒情性又有叙事。通常为木卡姆伴奏用的乐器有沙塔尔、弹拨尔、热瓦甫、手鼓、都塔尔等。这种音乐形式在世界各民族艺术中独树一帜,堪称一绝。

为了亲眼目睹这一传统民族艺术,我来到了位于哈密市的黄田农场,采访了哈密木卡姆培训班的老师帕夏·艾力木,并有幸欣赏了培训班的学员表演的木卡姆。现年 75 岁的帕夏老师,能够演奏十几种乐器。在去的路上,兵团新闻办公室的另一位工作人员李岩告诉我,目前木卡姆唱词和曲目在逐渐遗失,残缺不全,而且能演唱全套哈密木卡姆的传承人越来越少。但是在 2005 年维吾尔木卡姆被联合国教科文组织评选为"人类口头和非物质文化遗产代表作"之后,各地政府掀起了保护维吾尔木卡姆的热潮。为了有效保护民族民间文化,20 世纪 80 年代新疆自治区政府组建了木卡姆艺术团和木卡姆研究室;2009 年 7 月建成哈密支持木卡姆传承保护中心,举办哈密木卡姆培训班;支持木卡姆传承人,给木卡姆传承人发放补贴金等。在采访中帕夏老师也告诉我,他现在每个月可以领到 2000 多元的退休金。

这次为我们表演木卡姆的是 6 位身穿民族服装的维吾尔族大叔,他们每人拿着一件乐器演奏起来,除了手鼓,其他的乐器我甚至叫不出名字。让我怎么都没有想到的是,这些表演起来不输给专业演员的大叔竟然都是当地的农民。帕夏老师告诉我,他们培训班每逢节日都会举行表演。学员参加木卡姆培训完全出于爱好,自愿参加学习,不需要交任何费用。有些爱好木卡姆的学员甚至不等培训班举办,自己就已经开始学了。有些学员自己会唱一部分,然后报名参加木卡姆培训,再系统地跟老师学习。从开始创办木卡姆培训班开始,参加的学员每年都在增加。现在参加木卡姆培训的学员男女共有 60 多人,最小的 12 岁,最大的 75 岁。学员基本是固定的,除了农民还有教师、退休人员和待业青年等。

为了保护这种维吾尔族传统艺术,在新疆艺术学院、喀什艺术学校、阿克苏艺术学校都开设有"维吾尔木卡姆专修班",培养唱、奏、舞兼能的木卡姆艺术家。甚至在在中小学音乐教育中,都加入了有关木卡姆的内容,培养各个年龄段的维吾尔木卡姆艺术爱好者。2014 年,黄田学校建成"木卡姆音乐教室",团场还投资 6 万余元购买了民族乐器,学校组织喜欢音乐的 50 名男女生,周六周日聘请黄田农场木卡姆传承人帕夏、克依木老师进行授课,授课活动形式多样,有唱歌、乐器练习、舞蹈等。青少年们非常热爱这些乐器,老师们也都很认真地将自己的知识传授给他们。在团场每年举办的各种文化活动中,这些孩子们都会和老师们一起登台表演。每当课间,民汉师生就会伴着节奏欢快的民族音乐同跳麦西来甫。

"艺"鸣惊人

来到中国,我学会一句话叫作:"台上三分钟,台下十年功",这句话本意指在台上表演的时间往往只有短短的几分钟,但需要付出多年的艰辛努力。用这句话形容兵团歌舞团和杂技团是再贴切不过了。新疆的少数民族大都能歌善舞，这也为兵团歌舞团提供了良好的群众基础。新疆本地也有许多艺术学校，每年都会有成千的艺术生毕业，丰富的人才资源也让兵团舞蹈团和杂技团发展得越来越好。

见到兵团歌舞团副团长蒋梅时，她梳着利落的发髻，身穿灰色外套，颈上戴着一条漂亮的玉石项链，举手投足间都展现出舞蹈演员特有的优雅。虽然已届中年，但还是难掩她身上的动人气质，岁月对她好像格外仁慈，并未在她脸上留下太多的痕迹。蒋团长告诉我，歌舞团成立于1954年，是兵团演艺团体中内部建制较为齐全的专业艺术团体，迄今已有60多年历史。剧团下设创编室、演唱队、舞蹈队、乐队、舞美队、行政办公室、业务办公室等7个内设机构。全团核定编制175人，在册人员总计238人，由汉、维吾尔、哈萨克、回、蒙古、锡伯、满、俄罗斯、柯尔克孜、土家族等多民族组成，其中维吾尔族演员人数比较多。

兵团歌舞团副团长蒋梅接受作者采访。

兵团歌舞团演员阿依诺

　　由于兵团歌舞团属于事业单位，这里的职工都领取固定工资。实行绩效考核后，每一季度都有相应考核，参演场次多的演员工资就会高一些。由于他们特殊的体制，进行商业演出并不多，多数都是代表兵团进行基层慰问，或者去贫困地方进行慰问巡演。身穿蓝色运动服的阿依诺是歌舞团的一名哈萨克族舞蹈演员，今年37岁，如果她不说，我绝对猜不到眼前这个梳着马尾辫、浓眉大眼的"姑娘"居然是两个孩子的妈妈，这个年龄颠覆了我对舞蹈演员的认识。一直以来我都认为舞蹈演员都是20岁左右未婚的小姑娘，没想到37岁有两个孩子的妈妈还继续为了艺术坚持在舞台上。

　　今年30岁的梁雅琴毕业于昌吉艺术学校，至今已经在舞蹈团待了12年。我采访的时候问她，和那么多少数民族舞蹈演员在一起，有没有觉得"压力山大"，她笑着回答我说："有一点吧，但我们不觉得有什么压力。因为在学校本身就在一起学习，可能他们对本民族的舞蹈相

兵团歌舞团演员梁雅琴

对天赋很好，但对于其他民族的舞蹈也不是与生俱来地擅长。大家就是互相学习、进步。"我在心里为这个机灵的姑娘会心一笑，心里暗暗想：能够在这个演员云集的团里工作 12 年，想必她的舞蹈水平还是非常好的，难怪她这么有信心。

剧团自成立以来，继承和借鉴各民族优秀文化艺术，演出多种类型艺术作品，作品以反映"屯垦戍边"题材和现实生活为主，为促进新疆音乐、歌舞、话剧的创新与发展作出了突出贡献。他们创作演出了一大批舞台精品剧目，歌剧《夫妻犁》、舞剧《天山探宝》、大型歌舞《兵团组歌》、大型歌舞晚会《天山绿洲情》、大型民族歌舞晚会《甜甜的歌儿迎宾客》、大型主题文艺晚会《绿洲颂》等，得到广大观众及业内人士的好评和赞扬。剧团为了演出曾经进戈壁、穿大漠、翻天山，足迹踏遍天山南北团场、连队、牧区，为兵团基层广大职工群众和新疆各族人民演出，并连续 20 多年以主要班底参加兵团春节联欢文艺晚会，为新疆各族人民带来了欢笑。剧团还先后出访过俄罗斯、哈萨克斯坦、摩洛哥、巴基斯坦、新加坡、菲律宾等国家及中国台湾、香港地区，受到当地观众的热烈欢迎。

兵团杂技团的训练大厅摆放着各式各样的训练设备，一群人正在大厅练习一个杂技项目：几个姑娘各自躺在一面直径 50 厘米左右的鼓上，支起双腿，用脚将一面同样大小的鼓一个人一个人传递下去。令我感受深刻的不是杂技团演员的表演，而是他们每个人身上都有许多淤青，这些都是平时在训练中留下的，即便是这样，演员们还是忍着疼痛继续参加训练和演出。团长告诉我，演员们年龄不一，他们团选拔演员的条件也很严格，根据杂技种类要求，比如柔韧度、力量、长大后的身高、现在的身高比例，还有父母的遗传因素等，但有一个共通点，就是要求每

兵团杂技团勤奋训练的维吾尔族女孩

一个人都要像芭蕾舞者一样具备坚定不移的毅力。选拔演员通常通过去学校挑选或者家长自己送过来，选拔出来的人要通过一段时间的训练期，经过考核合格后才能留下来。有一个维吾尔族女孩子让我印象很深刻，她毕业于舞蹈学校，本身个人条件并不是特别好，练杂技不被大家看好，但是她并没有放弃，凭着刻苦学习和坚忍不拔的耐力，她最终承担了杂技团许多富有挑战性的节目。

特别有意思的要数和兵团杂技团少儿培训班的小朋友在一起了。见到这群小家伙的时候，他们一个个身穿暗红色舞蹈服、白色裤袜，有模有样地站在一排栏杆前压腿。开始见到我们，大家都显得有些拘谨，被问话的时候总是腼腆地笑着什么都不说。看到他们让我想起埃及哥哥家的孩子们，他们有着相仿的年纪和相似的表情。或许是因为我的长相让他们不觉得陌生，或许是我"孩子王"的本性，没过多久我就跟他们混熟了，说说笑笑，我还教了其中一个维吾尔族小姑娘怎么做"Give me five"。一个叫巴哈尔顿的维吾尔族小男孩引起了我的注意，通过团长我了解到，这个小男孩的父母因为车祸去世了，他被亲戚收养后来到杂技团少儿培训班，刚来的时候他甚至一句汉语都不会说，但是没过多久，就能够说一口流利的汉语了。聪明、调皮的巴哈尔顿穿着黑色的练功服，继承了维吾尔族人的五官特征，非常漂亮、干净。临走前，我请团长帮忙拍一张我与小朋友的集体照，大家兴奋地站成两排，为了能与小家伙们身高一致，我干脆跪在地上，站在我右手边的可爱小姑娘拍照的时候还像久别的朋友一样把双手搭在我的肩上。我深深地知道练习杂技是件非常辛苦的事情，他们还要在这条路上走很远，遇到很多困难，但是我相信这群小天使一定会成为未来杂技界耀眼的明星，成为杂技团的骄傲。

绣出美好的新生活

刚来新疆的时候张楠就告诉我，哈萨克族被称为"没有乞丐的民族"，起初听到这句话我并不十分理解为什么这样说，后来与他们接触后，慢慢明白了这句话的含义。哈萨克族是热情、好客、勤劳、

兵团杂技团少儿培训班的孩子们与作者合影留念。

聪明的民族，采访期间，我接触了很多哈萨克族人，有在交通不便、天寒地冻的山区放牧的牧民，有为牧民翻山越岭看病的医生，有热情款待我们的干部……认识他们之后，让我对这个民族油然而生了一种好感。

哈萨克族人不仅勤劳、聪明，还心灵手巧，热爱生活。他们有一门独特的民族手工艺——毡绣、布绣。这种手艺和埃及的首饰雕刻一样历史悠久，是哈萨克族文化的不朽遗产，也是丝绸之路各民族共同的文化遗产。哈萨克族毡绣、布绣蕴涵着哈萨克族人热爱生活、热爱大自然、勤劳、节俭的品德，也是涵养哈萨克妇女居家生活、爱情、养儿育女的重要源泉。毡绣、布绣可以长期保存，一条毡绣挂毯的价值可达几千元上万元，也是哈萨克族人民财富的象征。

如果你到过哈萨克族人的家中做客，就会在不经意间发现他们身上穿的、墙上挂的、地上铺的、床上盖的，到处都有图案精美、颜色艳丽、做工细腻的毡绣、布绣。我很难相信这样精美的图案是出自手工，它们更像是由一台精密的机器所制作的。

2008 年，哈萨克族毡绣、布绣被列入国家第二批非物质文化遗产名录。2012 年，在兵团各级领导支持下，兵团第六师红旗农场投资 294.4 万元在哈萨克族牧民定居点建立了占地 1300 多平米的民族手工艺产业孵化园。孵化园集生产、展销、培训为一体，有 2 个机绣车间、2 个手绣车间、2 个展销室，配备了 44 台绣花机、缝纫机、裁剪机等生产设备。哈萨克毡绣、布绣第四代传承人阿瓦依和库拉西发起组建了生产加工毡绣、布绣协会，带领 120 多名哈萨克族妇女在园区内创业，一起制作毡绣、布绣作品，并由经纪人与商家联系订单，保证毡绣、布绣有市场有销路。为了使哈萨克族毡绣、布绣手工艺水平不断提高，红旗农场不但邀请专业人员来培训，还选派 10 名哈萨克族职工到河南省开封市汴绣厂学习汴绣技艺。他们还举办了毡绣、布绣作品大赛，组织到阿勒泰等地进行观摩，女工们的绣制技艺更加精湛。

毡绣工艺传承人库拉西告诉我："这个孵化园解决了 100 多位哈萨克族妇女的就业问题，其中有十几位妇女把它当作职业，其他人则利用业余时间从事毡绣、布绣的制作。"在孵化园的展厅参观时，看到展厅内到处是毡绣、布绣作品，我忍不住东摸摸西看看，好像一个没见过世面的小孩。在阿拉伯国家，人们也非常喜欢精美的地毯，基本每家地上都铺着。但是如此精美、艳丽的手工地毯我还是第一次见到，想到这么巨大的作品都是由手工一针一线绣制的，也就能理解为什么通常一幅地毯的价格那么高。

孵化园的手工绘画职工赛维亲自为我演示了如何在一块羊毛毡子上绘制图案，她一边绘图一边向我讲解制作毡绣、布绣的工艺流程。首先，要先将上好的羊毛处理干净，再把这些羊毛制成羊毛毡，然后将面粉、牛奶与盐调成糊状，用小木棍或牙签蘸上液体后，在毡子上按构思直接画出图案。图案绘制完毕后，便可用钩针和彩线沿着之前绘制好的图案进行绣刺。

在展厅除了各种毡绣、布绣作品外，另一个亮点就是一张桌子上满满地摆着各种获奖证书，这些证书正是对这些勤劳能干的哈萨克族妇女的肯定。值得一提的是红旗农场的连长是一位不会哈萨克语的汉族同志，57 岁的他 1964 年来到兵团一〇七团，在一〇七团和红旗农场合并为十二连红旗农场之前，曾在一〇七团部养鸡场任副场长。汉族干部管理少数民族团场的情况我见到的很少，多数情况少数民族团场的干部都是由少数民族担任。在采访当地群众的时候，大家都反映生活过得越来

兵团第六师红旗农场手工艺产业孵化园毡绣、布绣展示

越好，看病能报销，住房有补贴，农场领导还带领大家共同致富。一个汉族干部能够多年担任少数民族团场的连长，也从侧面反映出当地民族关系和谐、不同民族之间互相帮助的氛围。

采访实录1：红旗农场手工艺产业孵化园
参访人员：
手工绘画职工：赛维
毡绣工艺传承人：阿瓦依、库拉西

艾哈迈德：您在哪学的？

赛维：从小跟着父母学习。

艾哈迈德：今年多大年龄，做了多久了？

赛维：50岁，从十几岁到现在都在做。农闲业余时间集中都在这边做，一个月能做10-20个左右，手工80元/个，机绣25元/个，一个月大概能赚到2500元左右。一部分产品销往周边及全疆，国外哈萨克斯坦等中亚国家也有销售。

艾哈迈德：你们了解兵团吗？

阿瓦依/库拉西：兵团政策与地方不一样，兵团职工老了可以退休，享受社保，一年上交3600元，退休后根据基数领取工资。其他跟地方差不多。

艾哈迈德：兵团对少数民族有没有好的政策？

库拉西：贫困家庭可以享受低保，生病住院可以使用兵团社保卡，报销90%以上。农场投资90万，建立了这个孵化园。这个园区解决了100多位妇女就业问题，有10—20人当作主业，其他当作副业。电费自理，水费、暖气、设备都是农场提供。

艾哈迈德：你们一年收入大概有多少？

阿瓦依/库拉西：平均5万左右。

艾哈迈德：你们两个是主要负责人？

阿瓦依/库拉西：前期培训、组员制作及后期销售，都有负责。

艾哈迈德：你们在这里有什么困难吗？

手工艺产业孵化园手工绘画职工赛维（右二）

　　阿瓦依 / 库拉西：前期请老师、培训徒弟 10 天花费 5000 多元，整个项目两个人各自投资近 30 万元，包括培训、材料、样品、手工费支付等。2008 年申报，2011 开始做。政府去年给了一个贴息贷款 20 万元，兵团是 5 万元。

　　艾哈迈德：兵团、六师给她们提供了什么？

　　讲解员：厂房由兵团提供，设备是山西援建的。

　　艾哈迈德：投资 30 万元，赚回多少？

　　阿瓦依 / 库拉西：前两年不赚钱，去年一人赚了五六万元。

　　艾哈迈德：对六师的管理，认为公平还是不公平？

　　阿瓦依 / 库拉西：兵团政策各方面都是没有问题的。

兵团毡绣工艺传承人库拉西（右一）、阿瓦依（右二）

采访实录 2：红旗农场连长、党委书记

艾哈迈德：您是新疆人？

连长：安徽人，1964 年来到新疆一〇七团，今年 57 岁。不会哈萨克语，1993 年走上基层领导岗位，1996 年开始接触哈萨克族。

艾哈迈德：2008 年开始管理这个团？

连长：一〇七团和红旗农场合并为十二连红旗农场，原在一〇七团部养鸡场任副场长。这个园区 2008 年 5 月开工，12 月竣工，现可容纳员工 126 人，有 2 个机绣车间、2 个手绣车间。根据目前运营情况来看，不是很好，这跟机

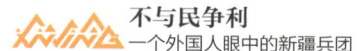

器设备稍陈旧、手工艺劳作比较慢都有很大关系。作品在浙江、杭州、河南都展出过，并获奖。获得国家文化部颁发银奖一个、铜奖两个；兵团文化部银奖一个；还获得师颁发的"三八"红旗手集体奖等奖项。2013年，毡绣、布绣传承人阿瓦依获第二届中华非物质文化遗产传承人薪传奖。

艾哈迈德：师少数民族发展专项资金200万元，是什么意思？

党委书记：这个资金是属于兵团的。

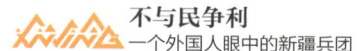

兵团第六师红旗农场手工艺产业孵化园荣获奖项

十二师一〇四团牧二场书记在哈萨克族游牧民家里介绍情况。

采访实录 3：牧二场书记

书记：现在的牧二场草场占地面积约 88.6 万亩（约 6 万公顷），是三个牧场中面积最小的，是在 2001 年时与牧四场合并而成的，总共牧业点有 11 个。近两年，国家搞草期平衡，禁牧 6.4 万亩。

艾哈迈德：三个牧场总共多少人呢？

书记：近 3000 人。

艾哈迈德：都是少数民族吗？

书记：都是少数民族，包括回族、哈萨克族、维吾尔族、柯尔克孜族，牧二场基本都是哈萨克族，没有回族和维吾尔族，但是牧三场有。

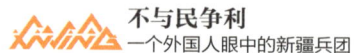
采访实录 4：哈密木卡姆培训班

卡德尔：哈密木卡姆培训班的老师是帕夏·艾力木，十几种乐器都会，今年 75 岁，现在退休金每月领到 2000 多元。这个培训班成员最小的 12 岁，最大的就是帕夏 75 岁。这边的房子都是政府提供的。

艾哈迈德：都是住在这个小区里面吗？

帕夏：分布在不同的小区。

艾哈迈德：以前都是种地的吗？家人也都是兵团人？

卡德尔：基本都是种地，葡萄、棉花都有，家人也住在这边，都是兵团人。

艾哈迈德：开斋节、古尔邦节等会有演出吗？

哈密木卡姆培训班的老师
帕夏·艾力木

卡德尔：五一节、六一儿童节等还有一些大型的活动，都有参与。

艾哈迈德：这有医院吗？

卡德尔：有医院，属于兵团的医院，就医时都可以使用医疗卡付费，有一部分项目可以免费享受。

艾哈迈德：兵团没来之前，这个地方有没有汉族？

帕夏：一直都有汉族，但是不多。长期以来各民族团结融合一向很好，无论哪个民族有什么样的节日，都会互相拜访、礼尚往来。

采访实录 5：兵团杂技团团长

艾哈迈德：他们从小就开始进入杂技团？

团长：年龄不一，因为杂技对年龄的要求比较高一些，有的年龄小一点，有的大一些。

艾哈迈德：那你们怎样去选择他们？

团长：根据杂技种类要求，比如柔韧度、力量、长大后的身高、现在的身高比例，还有父母的遗传因素等。但有一个共同点，就是要求每一个人都要像芭蕾舞者一样，都要具备坚定不移的毅力。

艾哈迈德：是从学校选择他们还是家人直接推荐？

团长：两种方式都有，有的是直接去学校选拔，有的是家人比较喜欢，认为这是一种比较有艺术感的职业，然后他们把自己的孩子送到这个地方。我们也有一段时间的试训期，开始孩子可能都比较喜欢，在经过一段时间的训练后，可能有些孩子的承受力、接受度和悟性几方面都和最初想象的不太一样。考核不合格者，我们就只能劝他们放弃，可以再继续回校上学。我们选择留下来的，基本最后都是能走出去的。比如现在练习中的这个维吾尔族女孩子，她本身是舞蹈学院毕业的，看到我们的演出之后她想要到我们这边来，其实她条件不是很好，但她很喜欢很刻苦，相信付出很多之后就一定会有成果。她来团里才三年，现在除了舞蹈很好以外，还承担了很多极富挑战力的杂技节目。

艾哈迈德：你们对少数民族有要求吗？

团长：没有特殊要求，只要他们喜欢、条件适合、愿意做就可以。

艾哈迈德：他们不用上学吗？

团长：他们的文化课安排在下午和晚上，要保证他们有一定时间的文化课学习，因为他们毕竟正处在义务教育的年龄阶段。虽然是艺术工作，但是最后拼的还是文化，文化内涵有多少，艺术之路才能走多远。所以我们对他们文化课也是有要求的。

艾哈迈德：除了这些文化课，还有其他课程吗？

团长：有，比如形体、舞蹈、音乐、思想品德、自然等课程，经常还安排一些讲座，如心理教育、生理健康教育，还有一些他们感兴趣的 DIY 活动等。我们会多角度考虑，全方位地去培养他们的综合素质。

艾哈迈德：他们可以上大学吗？

团长：可以，我们这有好多孩子在上大学。教育这方面，我们是鼓励的，支持他们去学习。

艾哈迈德：他们能够赚钱吗？

团长：有很多孩子很早就可以赚钱了。刚开始招收进来的时候，他们会有三年的基础训练，相当于一个实训过程，逐步淘汰，之后会有下一个三年进一步训练，其中条件好的还可以参加演出。他们的收入都是一些隐性收入，比如就餐，杂技团会补贴一部分，他们只需要再交一小部分的餐费。转为演员之后，他们就可以领到工资了，按照工龄、职级，去领取工资。

艾哈迈德：是不是少数民族的孩子天分会高一些？

团长：这其实跟民族没有关系，但维吾尔族确实有这么一个特点，不是有句维吾尔语俗语嘛，会说话就会唱歌，会走路就会跳舞，他们确实属于能歌善舞的一个民族，身体协调上面是有他们的优势。不过其他民族也有很优秀的，比如哈萨克族、汉族，这个跟民族的关系可能还不是太大。

艾哈迈德：维族孩子在语言方面沟通会比较困难吗？

团长：大多数孩子因为之前接受的都是双语教育，一般都没有问题，只是个别孩子可能幼儿园只学维语，不会讲汉语。我们会安排他们学习，一般一个多月他们互相交流就没有问题了。

艾哈迈德：你们团是什么时间成立的？

团长：1951 年成立的，新疆兵团不是 1954 年成立的嘛，实际上我们这支队伍属于当时解放军部队的文工团，在这个文工团基础上不断发展壮大直到今天。

艾哈迈德：在哪些国家演出过？

团长：去过俄罗斯，前苏联解体后，15 个国家我们去过 13 个，今年将要去意大利。

艾哈迈德：是通过什么方式出去的？

团长：有的是国家层面政府间的文化交流，另外就是商业演出方式，国外演出商也会提供一些合适的平台。

艾哈迈德：你们跟地方的团有什么区别吗？

团长：因为是由解放军部队文工团发展而来，所以可能还是有它自己的一些传统特点在。比如这些孩子出去参加演出，会以很快的速度整齐划一，从来不会耽误时间。团队留下来的这些优良传统，我认为会潜移默化地带到每个人的身上、融入到他们的血液之中。像我们兵团所讲的，无私奉献的精神、严明的纪律、向上的品格，相对地方，我们还是比较突出的。我们经常也会跟他们讲，细节决定成败。所以他们一直比较注重对外的形象、自己的专业素养和综合素养。

艾哈迈德：有团与团之间的比赛吗？

团长：会有这样的平台，比如法国、西班牙、意大利、俄罗斯，中国国际性赛事就有两个，武汉和吴桥。去年在武汉的国际赛事中还拿到了金奖，令我们很自豪。今年 10 月份意大利艺术节已经给我们发出了邀请，费用都由对方来承担。

艾哈迈德：在中国，你们有没有比较有名的演员？

团长：杂技与唱歌之类还不太一样，我们更强调突出的是一个团队协作和合作。参加平台交流的时候，我们也会注明、介绍优秀演员的名字等信息。

艾哈迈德：你们在乌鲁木齐有舞台吗？

团长：乌鲁木齐以前有一个，但无法满足目前需求，所以正在新建一个大的剧场。

艾哈迈德：你们的内容跟其他地方演出有什么不同吗？

团长：跟内地演出内容相比，兵团杂技团还是有它的地域特色、西域风情在里面，包括少数民族孩子的特质等。另外一个是兵团特色，这在中国、世界都是唯一的。兵团文化、屯垦文化、中原文化等几种文化方式的交融，使它有一种其他地方无法比拟的特色优势在里面。

艾哈迈德：这些兵团特色怎样在剧中表现？

团长：比如正在排练的这个《在那遥远的地方》，剧里的每一幕都有很多的兵团元素在里面，甚至有一幕就专门讲了一位兵团的劳动模范，他和他的爱人在边境上，二十年如一日，每天清晨升起五星红旗。当记者问他的时候，他回答："我这一生只做一件事，就是我为祖国做卫士。"我觉得这个故事很感人，非常伟大、不平凡，然后专门编排进我们的剧里。这在其他地方的剧里是不可能出现的。现在我们也正在筹备一部关于丝绸之路的兵团剧目，即丝绸之路上兵团发生的美丽故事，正在申报中。

艾哈迈德：所有的老师原来都是兵团里面的吗？

团长：对，原来都是兵团演员，做老师转行的时候我们都会安排培训。一

兵团杂技团集体与作者合影

方面是岗位培训，另外就是送出去，比如送到北京等地学习编导、创意，经过专业上不断深造再回到岗位上来，理论、视野、角度不一样了，对于个人是一个非常大的提高，对团队的发展也是特别好的一件事情。作为一名老师，必须要适应，适应目前的发展方向，适应每个孩子眼中的那个问号。

艾哈迈德：一个演员 30-35 岁之后，不能从事本职业时，是自己找工作还是你们给他安排？

团长：两种方式都有，有的个人有安排，我们给予支持；有的对于这个职业热情依然很高，我们会帮他们安排二次就业规划，包括大学进修、理论深造。

艾哈迈德：所有孩子都是兵团职工吗？

团长：一开始进来是我们的培训生，慢慢会发展成为兵团的职工。

采访实录 6：兵团杂技团演职人员——夏依丹（维吾尔族）

艾哈迈德：你叫什么名字？今年多大？

夏依丹：我叫夏依丹，今年 16 岁。

艾哈迈德：你父母做什么工作？

夏依丹：妈妈在药店工作，爸爸在地方政府开车。

艾哈迈德：你什么时间来这里的？

夏依丹：2009 年 5 月进来的，那时 11 岁。

艾哈迈德：为什么来到这里？

夏依丹：从小特别调皮好动，后来经人介绍通过考试就进来了。

艾哈迈德：喜欢这里吗？

夏依丹：特别喜欢。在这边跟他们待的时间要比在家跟父母兄弟姐妹的时间还长。我们已经建立起深厚的感情，40 多个人相聚在一起就是一种缘分，我们珍惜这种缘分，也珍惜在杂技团的日子。

艾哈迈德：你们住这里吗？

夏依丹：对，我们这边有宿舍。

艾哈迈德：你家里几个孩子？

夏依丹：2 个，我还有一个妹妹，她在上学，喜欢跳舞，但是很乖。

杂技团维吾尔族演员夏依丹（中）

艾哈迈德：你现在已经成为了演员？

夏依丹：2012年转为了演员，现在有了自己的收入，但基本上都给了父母。周六日我们去上文化课补习班。

艾哈迈德：你们现在汉语课是维吾尔语老师带还是汉语老师带？

夏依丹：维吾尔语由维吾尔语老师带，汉语由汉语老师带，是分开的。

艾哈迈德：你现在具体做什么？

夏依丹：女孩以软功为主，踢碗、女子造型。刚开始觉得很难、很累，我们一起哭一起笑。

艾哈迈德：维吾尔族的演员多吗？

夏依丹：多，我们很多。

艾哈迈德：你对自己的未来有什么期望？

夏依丹：我会坚持更加努力，为兵团杂技团的明天添加一份光彩。

艾哈迈德：你了解兵团吗？

夏依丹：兵团人能吃苦，他们屯垦戍边，我们老一辈建设了这个兵团，才有了我们的今天。

采访实录 7：杂技团演职人员——西尔扎提（维吾尔族）

艾哈迈德：什么时候进入的兵团？

西尔扎提：2007 年，12 岁进的杂技团，今年 20 岁。

艾哈迈德：叫什么名字？老家哪里的？

西尔扎提：西尔扎提，老家是乌鲁木齐。

艾哈迈德：你是怎么进的杂技团？

西尔扎提：因为生性调皮，8 年前被爷爷的朋友介绍进来。

艾哈迈德：爷爷做什么工作？

西尔扎提：我爷爷以前在铁路工作，父母也是，兵团就我一个。刚来的时候自己也不知道什么是兵团，后来跟老一辈人深入接触才有所了解。

艾哈迈德：你能跟我讲一下兵团是什么样子的吗？

西尔扎提：兵团是中国人民解放军二军、六军、二十二兵团和后来从全国各地来的人在这里屯垦戍边，兵团人就像胡杨具有那种坚韧不拔的精神，就是"千年不死，死了千年不倒，倒了千年不朽"的精神。

艾哈迈德：现在兵团是什么样的？

西尔扎提：现在的兵团就是今天的这种繁荣昌盛的局面吧，我们每一个兵团儿女尽自己的能力为兵团再作贡献。

艾哈迈德：你一个月能赚多少？

西尔扎提：一个月 3000 多元，父母帮忙攒着。

艾哈迈德：打算多大结婚？

西尔扎提：这个问题还没考虑过，30 岁左右吧。

艾哈迈德：不是一般维吾尔族结婚都比较早吗？

西尔扎提：感觉太早结婚资金和各方面能力不足，到了 30 岁左右应该还可以。

艾哈迈德：这边维吾尔族的男孩相对天赋要好一些吧？

杂技团维吾尔族西尔扎提

西尔扎提：对，像他们身体素质、跳舞、体能等方面比较突出一些，维吾尔族孩子从小就喜欢踢球。

艾哈迈德：你除了现在的工作，还有其他的爱好吗？

西尔扎提：周末的时候喜欢和同学一块踢踢足球之类的，大家一起踢。

艾哈迈德：你去过哪些国家？

西尔扎提：新加坡和泰国，暂时就去过这两个国家。在内地南方经常有演出。

艾哈迈德：对这个职业有什么梦想？

西尔扎提：干一行爱一行吧，我想尽自己最大努力，把杂技事业发挥到顶尖水平。

艾哈迈德：好的，谢谢！

杂技团少儿培训班学员玛利亚·古丽

采访实录 8：杂技团少儿培训班

艾哈迈德：你好，你叫什么名字？

玛利亚：玛利亚·古丽。

艾哈迈德：你今年多大？

玛利亚：6 岁。

艾哈迈德：你在什么地方上学？

玛利亚：那个地方。

艾哈迈德：你为什么要从那个地方来到这个地方？

玛利亚：我妈妈的朋友把我带过来的。

杂技团少儿培训班学员白娜

艾哈迈德：喜欢这里吗？

玛利亚：喜欢。

艾哈迈德：现在在做什么？

团长：在练习体能。

艾哈迈德：你叫什么名字？

白娜：白娜。

艾哈迈德：你家在哪里？

白娜：昌吉。

艾哈迈德：你什么时候来的这里？

白娜：上周一妈妈开车送过来的。

艾哈迈德：你最开始是什么时候过来的？

白娜：去年。

杂技团少儿培训班学员巴哈尔顿

艾哈迈德：你在练什么，喜欢吗？

白娜：喜欢，在练习劈叉。

团长：这个小男孩也不错，但父母因车祸都不在了，本来我还想领养他的，后来才知道他已经被自己亲戚领养了。他刚来的时候一句汉语都听不懂，还需要帮忙翻译，但之后很快就能说汉语了，好动、调皮但也很聪明。他们每天 10—12 点之前主要是形体练习，仪态比较漂亮。下午 2 点之后分科目，腰、腿之类。

艾哈迈德：他们要练习几年？

团长：4 年之后，5 年就逐渐开始成熟，6 年之后一般就可以成为演员了。

六

信仰就是生命 ▶

俄罗斯伟大的作家托尔斯泰曾经说过：信仰就是生命。这句话说出了信仰对人类的意义，它就像一道照亮黑暗的光，让人充满希望。我在兵团采访的十几天时间，真实地感受到当地平等的宗教氛围，也见到许多虔诚的信徒。从对他们的采访中，我逐渐了解了当地的宗教政策和人们对信仰的执着追求。

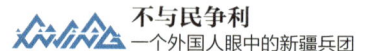
六、信仰就是生命

俄罗斯伟大的作家托尔斯泰曾经说过：信仰就是生命。这句话说出了信仰对人类的意义，它就像一道照亮黑暗的光，让人充满希望。我在兵团采访的十几天时间，真实地感受到当地平等的宗教氛围，也见到许多虔诚的信徒。从对他们的采访中，我逐渐了解了当地的宗教政策和人们对信仰的执着追求。

兵团所在地新疆是个多民族地区，也是多种宗教并存的地区。兵团当前主要有伊斯兰教、佛教、基督教和天主教四种宗教。其中，信仰伊斯兰教的少数民族人口约 28 万人，主要民族有维吾尔族、哈萨克族、回族、柯尔克孜族、塔吉克族、塔塔尔族、乌孜别克族等。信仰佛教的民族是汉族、蒙古族等，信仰藏传佛教的约 5000 人，信仰汉传佛教的约 4800 人。信仰基督教的约 1 万余人，信仰天主教的有291 人。有宗教活动场所 451 座，其中清真寺 441 座，基督教堂 8 座，天主教堂 1 座，喇嘛庙 1 座。有各类宗教教职人员 465 人，其中伊斯兰教教职人员 454 人、基督教教职人员 8 人、天主教教职人员 1 人、喇嘛 2 人。

色俩目

"色俩目"，阿拉伯文 Salam 的译音，原意为"和平""平安"，穆斯林相互祝安和问候用语，每次礼拜也是以先向右方后向左方说"色俩目"结束。

埃及是阿拉伯地区的一个传统伊斯兰教国家，80% 以上的人口为穆斯林，宗教对国家衣食住行等各方面都产生了深刻的影响。每天清晨从清真寺传出的诵读《古兰经》的声音响彻各地，礼拜的时间一到，无论大家在哪里都会停下手里的事情开始做礼拜。在我很小的时候父母就开始教我做礼拜，教导我按照《古兰经》做一名虔诚的穆斯林，他们自己也坚持每天礼拜、读经。在这样的环境下长大的我，无论走到哪里都坚持作为伊斯兰的信仰者。到中国后我一直生活在宁夏，那里是中国回族的聚居地，随处都是清真餐厅，每个城市、乡镇都有多处清真寺，每个清真寺都有专门的阿訇，每天到清真寺做礼拜的回族人都有很多。在来到新疆之前，我早就听说过那里有很多伊斯兰教的信徒，非常好奇那里的穆斯林是什么样子？会不会每天礼拜？有没有清真寺？斋月怎么过？

资料显示，伊斯兰教是新疆地区信仰民族和人口最多、分布地域最广、社会影响最大的宗教。新疆现有少数民族的大多数群众信仰伊斯兰教，人口1130多万，占全疆总人口的约50%。新疆伊斯兰教教派主要有逊尼派和什叶派。当地的穆斯林群众对信仰十分重视，哈萨克族牧民热马扎就曾告诉我，哈萨克族人退休后大都做礼拜、带孙子，但决不会赌博。当地的哈萨克族和维吾尔族妇女通常都佩戴头巾，但是与阿拉伯地区妇女不同的是，她们喜欢用色彩艳丽的纱巾系在头后，像一个帽子盖住头发。

新疆地区共有清真寺约 2.43 万座，教职人员约 2.8 万多人，一大批清真寺被列入国家级、自治区级和市县级重点文物保护单位。1999年中国政府就曾经拨款 760 万元人民币，用于重修乌鲁木齐的三个大型清真寺。为了方便宗教人士和信教群众获得经文等宗教读物，在新疆翻译、出版和发行了维吾尔、哈萨克、汉、柯尔克孜等多种文字和版本的《古兰经》《布哈里圣训实录精华》《卧尔兹选编》《新编卧尔兹演讲集》等一批伊斯兰教经典和宗教书刊，并在各地设立了专卖宗教书刊的销售点。

新疆还有伊斯兰教经学院、伊斯兰教经文学校等宗教学校，为各地培养了大批伊玛目、哈提甫和宗教教师。由各地伊斯兰教协会举办的经文学校、经文班和宗教人士代培的塔里甫，已有不少担任了宗教教职。从 2001 年开始，为了培养高层次的伊斯兰教教职人员，新疆先后选派 47 人赴埃及、巴基斯坦等伊斯兰国家的伊斯兰教高等学府留学深造。头屯河农场清真寺阿訇苏海山告诉我，他自 1989 年开始在清真寺学经，曾经在埃及爱资哈尔大学进修，跟我算是校友。据苏阿訇说，有的经学院是用来专门培养回族、维族的阿訇。回族基本没有在经学院直接毕业的，而是去清真寺学习后再去全国各地学习，通过考核后，由中国伊斯兰教协会发放教职资格证书。

每到一个地方采访，我都会询问当地群众是否有清真寺，所有我去过的地方凡是有穆斯林群众，附近都会有至少一座清真寺，并配有专职阿訇负责清真寺的事务。兵团负责管理清真寺的是民族宗教事务局。每逢节日，民族宗教事务局都会到清真寺慰问。

当地清真寺的修建或修缮费用由当地的民族宗教管理部门批准，由信教群众自愿捐款来进行修建或修缮。在采访中我曾不止一次听到群众自发捐款修建清真寺的故事，其中让我印象最深刻的是五运清真寺的故事。这个清真寺修建于清代，当初曾因资金不足，工程面临停工，汉族村民纷纷解囊捐助，其中捐助最多的是邻村一个姓李的秀才。李秀才是该村的大户，家境富裕，为支持修建清真寺，他变卖了家中的部分牛羊，捐钱给五运村修清真寺。修建该寺的工匠大多是汉族工匠，但负责监工的是回族人。五运清真寺的故事深深地感动了我。看来当地各民族互相帮助的风气由来已久，他们虽然有着不同的信仰，但是在几百年的共同生活中建立了深厚的民族感情，非穆斯林群众在心里总是有意识地对穆斯林群众的信仰给予理解与支持。

采访中我发现，团场每个民族连队都有一所清真寺，每个清真寺由一位阿訇主持，少数民族同胞没有附近缺少清真寺做礼拜不方便的担忧。以头屯河农场为例，户籍人口为 7000 多人，其中 40% 为信教群众，有清真寺 3 座，宗教信仰完全自由。由于语言交流障碍，维吾尔族与回族分别有自己的清真寺，而东乡族和撒拉族跟回族共用一座清真寺礼拜。每逢开斋节和古尔邦节，回族清真寺与附近维吾尔族清真寺的阿訇跟理事会之间会互相拜节，平常百姓之间也会进行互访。头屯河农场的苏海山阿訇在接受采访时也说，宗教信仰自由这一点让他们民族人士感觉得到了尊重和保护。信教群众每天可以自由前往附近的清真寺做礼拜，平时每天会有一二百人到清真寺做礼拜，每个主麻日做礼拜的信教群众大概有七八百人，大小节日期间可达 2000 多人。清真寺斋月期间为信教群众免费提供开斋饭，开斋饭由信教群众自愿捐献。清真寺的伊玛目（阿訇），团场还根据不同等级给予每人每月 200 元到 380 元不等的资金补助。除此以外，兵团每年都会举办阿訇培训班，所有少数民族阿訇都会参加培训，通过办班学习、开座谈会等形式，向宗教人士和信教群众宣传党的宗教政策。每年，穆斯林群众都可以报名参加朝觐，除特殊情况人员外，按照报名的先后顺序统一由兵团组织参加朝觐活动。红星二厂二堡镇托干卡尼尔村村长买买提·卡德尔在采访中曾告诉我，一般信教群众朝觐回来后，其他信教群众都会过来迎接，有人会在家为朝觐回来的人准备饭菜，然后邀请信教群众聚会，以示庆贺，朝觐回来的人也会将带来的礼物分发给大家。

穆斯林都十分重视伊斯兰教的两大传统节日——古尔邦节和肉孜节（开斋节）。我采访过的牧民阿孜蓝也曾提过他们开斋节做礼拜，开斋之前邻居朋友还会互相串门。像宁夏一样，为了方便穆斯林群众欢度节日，新疆也有在古尔邦节和肉孜节放假的规定。到了节日那天，一大早，身穿节日盛装的穆斯林就纷纷前往清真寺参加节日礼拜。

我发现在所有的少数民族地区，人们都能自觉地尊重别人的风俗习惯和宗教信仰。像我在宁夏的时候就发现，只要有穆斯林参加的聚会，所有人都会自然地选择清真餐厅，在就餐时也会尊重穆斯林不饮酒的习惯。这一点我在兵团的这十几天也感受很明显，在一些少数民族人口比重很大的团场，汉族群众和少数民族群众一样喜欢吃牛羊肉，并且对少数民族的风俗禁忌也是了如指掌。据说每年秋天从内地接来的季节工（摘棉花）在参加生产之前，首先要接受团场的培训。各团场会专门给他们讲解中国基本民族政策以及少数民族的信仰和习俗，以避免因为彼此生活习惯不同以及对民族禁忌不了解而发生误会。这些我的所见所闻都让我体会到当地对少数民族群众及其信仰习俗的尊重。我想正是由于这样的环境，这里的宗教信仰氛围才会这样平和，这里的民族关系才会这样和谐吧。

民族和宗教问题一直都是全世界的难题，有多少国家和地区都被困在这个问题上止步不前，有多少战争和纷争都是由它们所引起。而今天在有着13亿人口、56个民族和多个宗教信仰群体的中国，却很少听说因为民族和宗教信仰原因引发争斗。绝大多数有信仰的群众都过着富足的生活，坚持自己的信仰，用信仰去做好事、善事。

采访实录1：4月20日　哈萨克族牧民热马扎的大儿子——木拉孜汗·热马扎

艾哈迈德：你会抽烟吗？为什么不抽？
木拉孜汗：会抽，但是在长辈面前是不允许的。

哈萨克族牧民热马扎的大儿子木拉孜汗·热马扎（右）

采访实录 2：4 月 21 日头屯河牧场清真寺（回族）

参访人员：同和西寺苏阿訇、头屯河牧场宣传部邵科长

艾哈迈德：您叫什么名字？

阿訇：苏海山，曾在埃及进修 3 个月。

艾哈迈德：从什么时候开始做阿訇？

阿訇：1989 年，在清真寺待过。在宁夏、陕西、乌鲁木齐，曾经参加过爱资哈尔短期培训。

艾哈迈德：为什么选择做阿訇这个工作？

阿訇：从小就喜欢这份工作，爷爷是阿訇，父亲也学过阿拉伯语，老家就在新疆。

艾哈迈德：能不能简单介绍一下你场的回族清真寺情况？

李寺长：我们清真寺之前在下面，2013 年刚搬过来。这里信仰伊斯兰教的回族大概有 2000 多人。每个主麻日来寺里做礼拜的大概七八百人，大小节日 2000 多人，平时一二百人。在我们团场，维吾尔族与回族清真寺是分开的，虽然是同一个宗教，但语言交流还是有障碍的。东乡族和撒拉族跟回族在一起做礼拜。

艾哈迈德：开斋节或古尔邦节时，回族清真寺与附近维吾尔族清真寺有来往吗？

阿訇：阿訇跟他们理事会之间有沟通，互相拜节，平常百姓间也有互访。

艾哈迈德：新疆整个回族清真寺情况是怎样的？

阿訇：新疆回族人数还算很多，清真寺也不少。

艾哈迈德：兵团回族和维吾尔族清真寺之间有区别吗？

阿訇：基本是没有区别的。

艾哈迈德：您去埃及三个月，有没有听过关于"中国政府不让做礼拜、不让封斋、不让去清真寺"的说法？

阿訇：听说过，但事实并不是这样。就新疆来讲，都没有这种情况发生，都是自愿做礼拜，兵团更没有这种情况，而且都没有听说过不让维吾尔族封斋的情况。

艾哈迈德：你们寺每天做礼拜的人数有多少？

阿訇：200 人左右。

艾哈迈德：兵团有没有专门管理清真寺事务的部门？

阿訇：有，民族宗教事务局，类似自治区民族宗教事务委员会，逢年过节会表示慰问，他们会讲述、宣传一些清真寺新的动态和信息，包括每年朝觐情况。

艾哈迈德：新疆阿訇与其他地方阿訇有区别吗？

阿訇：相比来讲，在演讲方面，新疆有一点点优势。每年兵团都会举办演讲，所有少数民族阿訇都会参加。

艾哈迈德：维吾尔族的阿訇多吗？

阿訇：我们农场一个，三坪三个，整个新疆维吾尔族要多一点。

艾哈迈德：回族跟其他少数民族有分歧吗？

阿訇：非常团结，比如周六我女儿结婚，维吾尔族和汉族好几户邻居朋友都来清真寺参加我女儿的婚礼。

艾哈迈德：每年培训的是回族还是维吾尔族、汉族？

阿訇：都有。

艾哈迈德：清真寺每天都开着吗？

阿訇：从早到晚每天都开着。

艾哈迈德：新疆穆斯林与中国其他地方的穆斯林有无区别？

阿訇：没有区别的。新疆这边比其他地方组织更好一些。兵团宗教管理与国家是一致的，无区别。

艾哈迈德：清真寺都是兵团盖的？

阿訇：两个都是兵团盖的。十二师有 13 个清真寺。

艾哈迈德：头屯河农场有多少人？

邵科长：2 万多人，3 个清真寺。一年以上的流动人口也包括在内，有户口人数 7000 多人，流动人口占大部分，无信仰人士也包括在内。户籍人口40% 为信教群众。

艾哈迈德：有教阿拉伯语的学校吗？

阿訇：没有阿拉伯语的学校。每一天基本都会教授《古兰经》。

艾哈迈德：新疆有经学院吗？

阿訇：在乌鲁木齐有一个经学院。有的经学院是用来专门培养回族、维吾尔族的阿訇。我们去清真寺去学习，然后再去全国各地学习，经过宗教考试，中国伊斯兰教协会发放资格证书。

采访实录 3： 土墩子清真寺

参访人员：阿訇马俊、清真寺马理事长

艾哈迈德：您叫什么名字？

马俊：马俊，今年 51 岁，1996 年开始做阿訇，曾在多个地方学习，主要是在昌吉学习的经堂语，没有专门学过阿拉伯语。已来此做阿訇 3 年，新疆人，老家在甘肃，100 多年前来到新疆，历经三代人。新疆回族最多的地方应该是在乌鲁木齐，南疆维吾尔族多一些。

艾哈迈德：在这附近有几座清真寺？人口多少？

马俊：土墩子农场就这一个清真寺，有 7280 人，回族占 33%，其他还有东乡族、哈萨克族、维吾尔族，维吾尔族人也会来这做礼拜，交流没有问题。

艾哈迈德：您觉得维吾尔族跟回族有区别吗？

马俊：信仰没有区别，生活习惯有些不同。

艾哈迈德：每天都在这？工作属于哪里管？

马俊：每天都在这，工作属于统战部、宗教局管理。不过兵团和地方有一定区别，就是地方的民委、统战、宗教是分开的，兵团是一起办公但职能分明。

艾哈迈德：地方与兵团清真寺管理有区别吗？

马俊：没有区别。自治区的宗教管理条例，是由地方与兵团统一执行的。

艾哈迈德：来兵团 3 年，您成为这里的职工了吗？

马俊：是的，原本老家就在这，中间出去学经、念经、当阿訇，回来就把户口迁回来，来到这个清真寺。

艾哈迈德：您（马理事长）今年多大？

马理事长：65 岁，从事本寺的宗教管理工作。

艾哈迈德：历史上这边回族很多吗？

马理事长：解放前有 49 户回族，现在 600 多户，汉族七八户人。

艾哈迈德：您是哪里人？

马理事长：我是宁夏固原县人。

艾哈迈德：据说宁夏固原县的回族人是回族里面最讲究的，是吗？有一些农村都是回族，没有一个汉族，基本上都不抽烟，这边没有这样的吧？

马理事长：还没注意到有这么讲究的地方。

头屯河农场同和西寺人员与作者合影

艾哈迈德：每天来做礼拜的人大概有多少？

马俊：每天 100 多人，主麻日 300—400 人。400 个人基本都是回族，因为汉族只有一户信仰伊斯兰教，距离也很远。

艾哈迈德：马理事长，您觉得回族跟维吾尔族也没有大的区别吧？

马理事长：没什么大的区别，基本上都是相似的。

艾哈迈德：这边没有基督教吧？

马理事长：西三分场大概有 16 户，但因为这边没有教堂，他们都去阜康教堂，这也是最近的，还挺大。

艾哈迈德：阜康市最大的清真寺是哪个？

马理事长：一共 40 多个，我们属于比较大的了。40 多个清真寺覆盖 21 万人，少数民族占 30% 多。

艾哈迈德：您 50 年都在兵团吗？

马理事长：一直都在兵团，现在已经退休了，能拿到 3000 多元退休金。

艾哈迈德：这个清真寺是谁盖的？

马理事长：上一届宗教理事会盖的，2000 多人集体出钱，土地是兵团划拨的，有土地使用证，总面积 14 亩多。

艾哈迈德：兵团对汉族和少数民族政策有什么区别吗？

马理事长：没有区别。不会根据宗教来分。

艾哈迈德：您觉得兵团哪里好？

马理事长：兵团组织纪律好，总体综合素质高一点，兵团的职工吃过的苦比较多。地方退休后也要靠自己劳动生活。

艾哈迈德：你们跟汉族的关系怎么样？

马俊：都很好，汉族朋友在我们建清真寺的时候还捐了不少钱。

艾哈迈德：您做阿訇，每段时间都有培训吗？

马俊：在兵团六师有培训班。

艾哈迈德：您有几个孩子？

马俊：2 个。老大在河北石家庄外国语学院学的阿拉伯语，因为我是阿訇，也打算以后让他做阿訇，但希望能有机会出国进修深造，能做得更好一些。老二在这边上小学。

艾哈迈德：1981 年你们才进的兵团？

马理事长：1981 年之前我们属于地方；兵团恢复后，被划入兵团。兵团的生活条件现在要比地方好一些，过得幸福。

艾哈迈德：现在你们退休后 3000 元都怎么用？

马理事长：基本都给孩子留着了。

艾哈迈德：您朝觐吗？

马理事长：2010 年朝觐过，总共费用 2 万多一点。兵团去年有 180 个人去麦加朝觐的。

艾哈迈德：朝觐人员，兵团每年是怎样安排的？

马理事长：兵团的朝觐报名办法是：按报名先后顺序，统一由兵团组织；特殊情况，比如年龄比较大，再不去就没有机会就去不了的话，可以提前安排。因为报名的人基本都急需去朝觐，所以只能按报名顺序安排，以免引起不必要的矛盾。所有费用 32000 元左右。

艾哈迈德：这个是全世界最便宜的朝觐。埃及离沙特 3 小时飞机，但费用是 45000 元。埃及人均收入比新疆这边人均收入高一点点。新疆因为直飞，可能会便宜一些，但总体上跟中国其他地方基本都是一致的。

采访实录 4：4 月 25 日 少数民族职工生活（维吾尔族）
参访人员：主人夫妇尼阿兹、阿米娜，主人大女儿苏比（8 岁）

艾哈迈德：您叫什么名字？

尼阿兹：尼阿兹·乌索尔，今年 38 岁，在火箭农场做技术员，从小因为生活在汉族周围，所以一直在学习汉语，大学是在塔里木农业大学就读，农业专业。平时我们都用维语交流，汉语偶尔也会用一下。

艾哈迈德：你们在这居住多少年了？有几个孩子？

尼阿兹：几百年前就在这里了。现在我有两个孩子，小的 4 个多月。

艾哈迈德：兵团主要任务是什么？

尼阿兹：兵团主要任务是屯垦戍边，主要致力于新疆建设和发展。

艾哈迈德：有没有跟您父亲聊起过，兵团成立之前这里是什么样子？

尼阿兹：以前就是戈壁滩，后来兵团通过人工和牲畜开垦荒漠，变成了万

五家渠土墩子清真寺阿訇马俊（中）、马理事长（右一）

顷良田。

艾哈迈德：假如您现在在地方，会跟在兵团有什么区别？

尼阿兹：兵团各民族团结力强，比地方发展速度要快，人均收入比地方也要好一些，包括生活和居住条件。

艾哈迈德：这个房子是自己买的？

尼阿兹：自己买的，兵团职工会给予2万块钱的补贴。

艾哈迈德：这附近有清真寺吗？

尼阿兹：有的，我们团场一共7个清真寺，每个主麻日、古尔邦节、肉孜节都去的。

艾哈迈德：你们跟回族、汉族关系怎么样？

尼阿兹：我们跟他们的关系都很好，现在国家也是大力倡导发扬民族团结精神。

艾哈迈德：您还去过中国什么地方？

尼阿兹：因为工作时间原因，基本没有出去过新疆。

艾哈迈德：您兄弟姐妹几个？

尼阿兹：一共五个，我四个姐姐，都是在兵团里面，几个姐夫也都是维吾尔族。

艾哈迈德：你们年收入大概多少？

尼阿兹：我们夫妻俩加一起大概 10 万多一点。我妻子也在火箭农场工作。

艾哈迈德：您叫什么名字？孩子怎么带？

阿米娜：阿米娜，孩子都是婆婆和大姑子帮忙带，她们住在 1 公里以外的地方。

艾哈迈德：大部分同事是汉族同事？

阿米娜：有一两个维吾尔族同事，去年开始卡德尔连长也调过来了，大部分是汉族同事。

艾哈迈德：你们俩工资谁高？

阿米娜：基本工资都是一样的，都是技术员，但年底奖金我多一些。

艾哈迈德：维吾尔族女士上班开车的多吗？

阿米娜：维吾尔族的女士开车挺多的，我们家的（广汽本田）基本都是他开的，我骑摩托车上班，他的工作单位比较远一些。

艾哈迈德：这边允许戴头巾吗？

阿米娜：在长辈面前、做饭的时候、结婚后在家里会戴头巾。上班的时间基本都不戴了，当然也可以戴。

艾哈迈德：您觉得在兵团怎么样？

阿米娜：比如火箭农场近两年建筑、生活都改变很多，各方面都比地方发展速度快，女儿在兵团学校上学，3 岁开始学习汉语。

艾哈迈德：你叫什么名字？今年几岁？

苏比：苏比·努尔，以前我小的时候爸爸给取的。我今年 8 岁，在火箭农场上小学一年级，汉语和英语都在学习。

艾哈迈德：你们班有多少个维吾尔族，多少个汉族？

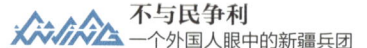
苏比：我们班都是维吾尔族，其他有汉族班。我现在会写一些汉语。

艾哈迈德：你上学的时候有没有小朋友欺负你？

苏比：没有被欺负过。以前有很多汉族小朋友一块玩耍，上汉语班的时候有很多汉族同学，我们用汉语交流，他们听不懂我说的维吾尔语。

艾哈迈德：你长大后想做什么？

苏比：想当英文老师。

艾哈迈德："苏比·努尔"的意思是什么？

尼阿兹：早晨起来太阳升起的意思。

艾哈迈德：这个小区维吾尔族人多吗？

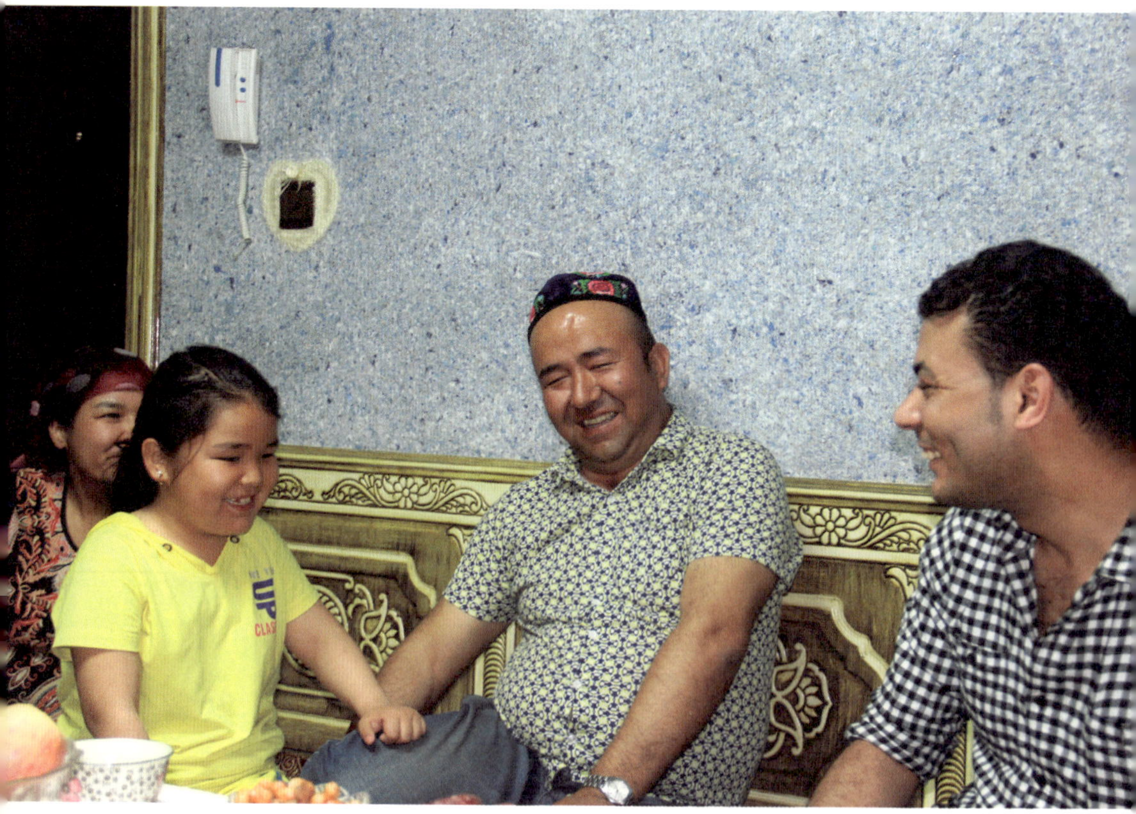

作者与尼阿兹一家聊天。

尼阿兹：有十几户，经常会聚在一起，都认识的。火箭农场共有 2000 多户，认识其中一部分。

艾哈迈德：开斋节和古尔邦节这边有什么活动？

司马义（信访办）：古尔邦节早上做礼拜，回来后根据自己的经济条件宰牛或者宰羊，将周围的亲朋好友、民族同志聚在一起，也包括汉族朋友，然后再一块拜年，彼此风俗习惯都很了解。开斋节时，会打电话联系一下过去拜年，全家都可以去维吾尔族家庭拜年。

采访实录 5：4 月 26 日 黄田农场波斯坦寺

参访人员：民宗领导卡德尔、阿訇买买提·穆太力普、法人艾力·穆罕默德、连长艾拉

卡德尔：清真寺 1999 年建立，面积为 259.69 平方米，主要成员由阿訇、法人、宣礼人员、出纳、会计几人组成，平时每天有 30—40 个信教群众来做礼拜，主麻日大概有 80—90 个信教群众，连队两名领导每天都会过来了解一下情况。黄田农场的朝觐人员 2014 年 4 个，2015 年 5 个。农场共有 11 所清真寺。

艾哈迈德：你们农场的干部有多少维吾尔族？

卡德尔：副处以上 2 名，科级人员 10 名。

艾哈迈德：您汉语说得这么好，怎么学的？

卡德尔：自学的，学得也不太好。

艾哈迈德：这个清真寺怎样成立起来的？

卡德尔：1999 年土地由农场批下来之后，由农场的信教群众捐献建起来的。

艾哈迈德：周边有多少维吾尔族人？

卡德尔：团场现有总人口 1.2 万余人，职工 2448 人，少数民族占总人口的 39%，近 4700 人。团场有 11 个清真寺，分布在 7 个少数民族单位，最远的在离农场 60 公里以外的八大石。这个团场共有 11 个民族，汉族、回族、维吾尔族、哈萨克族、藏族、朝鲜族等。

艾哈迈德：来这个清真寺做礼拜的人，都有哪几个民族？

买买提：主要是维吾尔族、哈萨克族，回族的清真寺在下面。

艾哈迈德：农场有其他教堂、寺庙吗？比如基督教？

卡德尔：没有，都是清真寺。

艾哈迈德：您什么时候开始做阿訇？今年多大？

买买提：1993 年开始做的，原来在八大石做过阿訇，今年 48 岁。由于自己学过阿拉伯语，然后在经文学校进行学习，后来经过团场考核进入清真寺做阿訇。现在每月发放生活费 200—300 元，每季度都对宗教人士进行慰问。地方伊玛目跟这边领取的钱差不多。

艾哈迈德：阿拉伯语学了多久？

买买提：学习了 10 多年，看经文还可以，但是口语不太好。

艾哈迈德：在宗教方面，维吾尔族的穆斯林和其他少数民族有什么不同吗？

买买提：有区别。生活风俗习惯稍微有所区别，其他基本都一样。

黄田农场波斯坦寺民宗领导卡德尔（左）

艾哈迈德：清真寺里面有学习的地方吗？

买买提：礼拜做完他们自己可以看看书，如果想学阿拉伯语，我可以在礼拜前单独或一起教一下信教群众。

艾哈迈德：封斋的人多吗？

买买提：这都属于自愿，不强迫大家封斋的。

艾哈迈德：阿訇住在什么地方？属于兵团职工吗？

买买提：我住在清真寺对面 500 米的地方，属于兵团职工兼阿訇，自己承包了 10 亩地。

艾哈迈德：可以把工作和农业生产时间分配好吗？

买买提：每天早上礼拜时间 10—15 分钟，不影响农业生产时间。

艾哈迈德：这边所有清真寺的阿訇都是维吾尔族吗？

黄田农场波斯坦寺阿訇（右一）及其他成员接受作者采访。

买买提：都是维吾尔族。

艾哈迈德：去朝觐过吗？

买买提：还没有去过，农场每年都有朝觐的人。从去年开始，11 个清真寺会有 1 个名额不用排队就能去朝觐，主要是在团场表现比较好的人，相当于 1 个推荐名额，其他按报名顺序排队安排，每年大概三四个左右。

艾哈迈德：阿訇都有资格证吗？

买买提：有资格证的，基本考试也都是阿拉伯语。

采访实录 6：4 月 26 日 红星二场二堡镇托干卡尼尔村委会

参访人员：村长买买提·卡德尔，副主任王保国，妇女主任阿米娜·克然木，村民吐尔提·克然木、阿皮兹，红星二场连长胡军

艾哈迈德：请您先帮我介绍一下这个村的情况。

村长：全村 435 户，共 1372 人，都是农民，汉族约占 53%，维吾尔族占 46%，回族 8 人占 0.58%。共有 3600 多亩土地，主要用于种植棉花、红枣，还有蔬菜大棚，每年人均收入 12800 元。我们村工作人员 4 个汉族，4 个维吾尔族，一共 8 个人。

艾哈迈德：您 67 年一直在这里生活吗？

吐尔提：几代人一直在这里生活，父亲和爷爷也是地道新疆人。

艾哈迈德：能跟我讲一下地方的农村和兵团的有什么区别吗？

吐尔提：地方村民土地是集体所有的，兵团实行的是国有承包制；兵团农业机械化水平高，无论是农机还是技术，都是全国领先的，种植棉花等都使用滴灌节水技术，我们地方也是一直在学习跟进。

连长：地方与兵团也是各有所长，比如汉族畜牧业方面要向维吾尔族学习，兵团农业机械水平较好，这也为地方农业发展起到很好的引导、促进作用。1992 年兵团已经开始为职工缴纳养老保险了，地方好像是 2007 年才开始。兵团职工退休后，离开土地，但每个月都可以领到退休金，不需要再继续劳动就可以有生活保障，地方这方面却没有。

艾哈迈德：您有多少地？

吐尔提：自己种的 20 亩，然后承包了 100 亩责任田。

艾哈迈德：村里的汉族同志懂维吾尔语吗？

村长：懂维吾尔语，沟通的时候一般都用汉语，能明白对方意思。

艾哈迈德：这里有清真寺吗？

村长：一共有两个，一队一个，二队一个，我们属于地方，买买提是清真寺法人。清真寺的地是我们村里的，建成一共花费 37 万元，都是穆斯林同志捐献的。清真寺的伊玛目就是维吾尔族，本地的。

艾哈迈德：在哪里学习的？

村长：在哈密经过培训，都有阿訇的资格证书。

艾哈迈德：您现在每天都做礼拜吗？

吐尔提：我每礼拜五都会做。平时每天做礼拜的上午十几个人，下午时多时少，冬天农闲时相对多一些。

艾哈迈德：你们兵团的地与地方的地是紧挨着的？

连长：基本上都是嵌入式的，能找到地方就能找到兵团，都是相互融合在一起的。

艾哈迈德：你们这个兵团单位叫什么名字，有多少人？

连长：我们是红星二场第一作业区，原一连、二连，现在有 130 个职工，4 个回族，其余全是汉族。

艾哈迈德：您作为村长，觉得兵团提供服务好，还是地方好？

村长：兵团服务比地方要好。农业方面，技术、经验帮助很多，比如滴灌节水技术我们学习了两年才实行，遇到困难和问题都会找他们帮忙。兵团学校允许地方学生进入，同样享受一些优惠政策。

连长：二堡镇是一个民汉融合很好的地方，基本上没出现过什么矛盾，包括就医都是使用共同的医院，没有区分。

艾哈迈德：您有多少亩地？

阿皮兹：12 亩地，主要种植棉花，每亩产量 300 多公斤，去年单价 5.7元 / 公斤，另外国家补贴加上农场补贴大概有 8 元 / 公斤左右，低于市场价，场里都会提供补贴。一年 12 亩能赚 3 万多，冬天就去哈密打工，做一些建筑工的工作。

艾哈迈德：维吾尔族的人喜欢从事农业要比喜欢从事工业的多一些？

村长：喜欢从事工业的多一些，但基于现实多数只能从事农业。

艾哈迈德：您做哪方面工作？

村长：她是我们村的妇女主任，既有工作也种地，每个月工资 2100 元，种地还有一部分收入。

艾哈迈德：村里地如果向外卖的话，一亩大概多少钱？

吐尔提：一亩 1.2 万—1.3 万左右。

艾哈迈德：历史上，汉族和维吾尔族发生过什么冲突吗？

吐尔提：民族性的问题从来都没有发生过，一直到现在关系都很好，互相帮助、和睦相处。古尔邦节的时候会宰羊，我们会邀请汉族朋友聚到一起欢度节日。

红星二场第一作业区连长（左）、红星二厂二堡镇托干卡尼尔村村长（右）

艾哈迈德：关于民族团结，有没有您觉得比较有意思的事情？

村长：以前有一位汉族朋友喝醉酒之后，骑着自行车摔倒了马路边林带里。正好被我们一个维吾尔族老人碰到，然后老人将自己身上穿的一件衣服披到汉族朋友身上，没有联系到他的家人，维吾尔族老人就把他送到了医院，然后抢救过来了。咱们少数民族和汉族关系还是很好的。

艾哈迈德：你们用汉语沟通的时候，称少数民族不说少数民族，直接说民族同志，是这样吗？

连长：有时候知道名字的我们就直呼其名，我们这样称呼，但是不存在民族隔阂的。

艾哈迈德：您什么时间入的党？

村长：1994 年入的党，到现在已经有 21 年了。

艾哈迈德：您不是党员吧？封斋的时候你们也封吧？

吐尔提：我不是党员，封斋的时候我们都封，每次早上在家里吃饭，晚上开斋时在清真寺吃。

艾哈迈德：回族跟维吾尔族在习惯上有什么区别吗？

村长：他们不吃马肉我们吃，回族跟我们一起做礼拜的，其他生活习惯都一样的。

艾哈迈德：您知道兵团是什么时间成立的吗？

吐尔提：1954 年，新疆解放之后成立的兵团。

艾哈迈德：刚成立的时候，地是可以种的吗？

吐尔提：兵团刚来的时候，所有地方都是荒地，后来慢慢开垦出来才能耕种了。之后很多地兵团企业都无偿移交给地方去管理，有水的地方先供地方百姓使用。

艾哈迈德：您是什么时间入党的？上过大学吗？

阿米娜：2014 年入的党。乌鲁木齐一所中专院校毕业，吐尔提是我父亲，老公是农民。

艾哈迈德：您现在在这个地方，工资多少，每天都过来吗？

阿米娜：每个月 1300 元，有事要做的时候就过来。我们是每人 3 亩地，不忙的时候就和老公种地。

艾哈迈德：您一共有几个孩子？

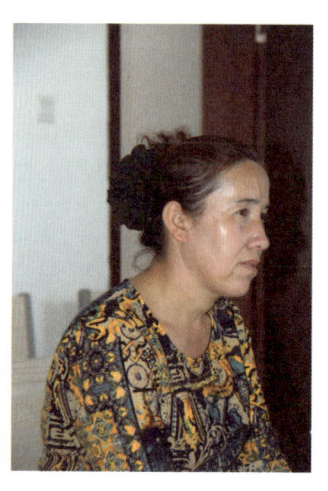

吐尔提女儿阿米娜

村民吐尔提（左）

吐尔提：两个女儿，一个儿子。一个女儿在哈密，剩下的都在这边种地。

艾哈迈德：作为地方人，您能告诉我兵团给地方带来了什么？

村长：大的方面带来的是新疆稳定，在农业方面，地方跟兵团学习了很多先进技术，包括种植棉花、高粱、红枣等，地方品种改良与产量提升都十分明显。

艾哈迈德：现在学校里，学生都是学双语吗？

村长：从一年级起，基本上维吾尔族学生就要开始学习汉语，都有汉语课程。

艾哈迈德：您学过汉语吗？

村长：自己学的，当时学校里面没有汉语课程。

艾哈迈德：您今年多大？

村长：46岁，1989年高中毕业，1990年做出纳、会计。

艾哈迈德：家人都在这边？有几个孩子？

村长：我媳妇在哈密工作，孩子也在那边上学，我会每天来回走动。房子和土地都在这边。有一个孩子，今年15岁。

艾哈迈德：您觉得这边存在什么民族问题吗？

村长：都是一些人与人之间的小问题，不存在民族问题。

艾哈迈德：您朝觐过了吗?

吐尔提：2011 年去过了，政府安排地方和兵团一起团体过去的，当时地方一行前往的有 112 人。每人交了 3.2 万元，我们这个村去过几个，现在还有 2 人，有几位已经过世了。

艾哈迈德：你们 112 位都是维吾尔族吗?

吐尔提：七八位回族，四五位哈萨克族，剩下的都是维吾尔族。

艾哈迈德：你们朝觐回来以后有什么仪式?

吐尔提：民族同志男女都会过来迎接我们，有一些人会在家为我们准备好饭，然后都邀请到一块集体聚会，以示庆贺。我也会将带来的礼物分发给大家。

与厉声的一次谈话 ▶

厉声，现任中国社科院中国边疆史地研究中心主任，是中国新疆问题方面的专家。在本次探访新疆兵团的旅程即将结束时，我很开心能和厉声有一次简短的交谈。我就新疆兵团的情况、中国少数民族的问题及新疆少数民族的问题与厉声进行了探讨，在与他的交谈中，我对新疆兵团的认识更深入了一些。

七、与厉声的一次谈话

　　厉声，现任中国社科院中国边疆史地研究中心主任，是中国新疆问题方面的专家。在本次探访新疆兵团的旅程即将结束时，我很开心能和厉声有一次简短的交谈。我就新疆兵团的情况、中国少数民族的问题及新疆少数民族的问题与厉声进行了探讨，在与他的交谈中，我对新疆兵团的认识更深入了一些。

　　从本次的旅程中我可以明显地感觉到新疆地广人稀，交通不便，中国要防守如此漫长的边境线，真的是非常困难。如果派大批部队驻疆，国防耗费会太多，但是部队少了，一旦发生大的战事，内地又很难支援。与此同时，新疆又是多民族、多宗教并存的地区，极少数民族分裂分子及宗教狂热分子不时制造各种民族及宗教冲突，并借助国外的反华势力介入造成新疆的内乱。所以，新疆需要像兵团这样亦兵亦民的队伍，一边屯垦一边戍边。这一方面解决了维护新疆社会稳定和国家统一的问题，避免了设置军警消耗大量财政经费；另一方面，兵团平时以生产为主，有事时又能召之即来，来之能战，能发挥出稳定和震慑作用的力量。

　　目前，兵团的经济建设是新疆维吾尔自治区经济建设的重要组成部分。兵团充分发挥自身优势，积极适应市场经济要求，调整经济结构和转变发展方式，让居住在其中的各民族人民群众的生活水平得到了很大提高。而且，新疆是以少数民族为主的多民族聚居地区，兵团自成立以来，一贯把搞好民族团结作为一项重要的任务。从新疆各民族团结和促进民族融合的角度来说，兵团的作用是中国任何一个单位和组织都无法替的。

　　新疆兵团，它不仅仅是开发建设新疆的一支重要力量，更是稳定新疆、维护民族团结、巩固中国国家统一的重要力量。因此我认为，兵团的存在是当代乃至未来新疆发展不可或缺的力量，兵团人将继续履行屯垦戍边的重要历史使命，兵团之路也将更加宽广。

采访实录：与厉声交谈

艾哈迈德：四月份我们在新疆做了十几天的采访，向阿拉伯国家介绍新疆问题。我们是一个宗教民族，考虑什么事情都以宗教为主，然后再看其他方面。所以西方政府利用我们这一点告诉我们，中国政府对穆斯林非常不好，不公平，有些事情不让他们做。他不会告诉我们是维吾尔族，不会告诉我们是在新疆，他们就说在中国，这是一个方面。另外一个方面，我们的书主要针对兵团，您作为这个方面的专家，我希望通过您能了解兵团一些较为敏感的问题，这样说服力较强，也易于受众了解和接受。

艾哈迈德：我第一个问题就是想了解一下中国少数民族的问题。

厉声：首先我从工作的角度，通过我对边疆民族的研究和个人成长，来回答您这个问题。我在新疆待了 45 年，可以说我是在边疆长大的，也可以说我是在少数民族地区长大的。所以一是从我工作角度，一是从我成长的感受，来讲一下中国少数民族的问题。

实际上，中国少数民族问题在新中国建立时就提出来过，但它的内涵发生了多次变化。1949 年中华人民共和国建立后提出的少数民族问题就是要解决边远少数民族，包括从人身、社会、生产力各个方面，因为他们地处边远，相对落后，所以要推动少数民族的发展，使其能与新中国建设同步。在这个基础上，中国实行了民族区域自治，民族区域自治实际上是给予民族地区一些特殊的优惠政策，使边远少数民族能在国家特殊优惠政策的情况下改变民族落后状况，加速其发展，包括思想意识形态方面等。

艾哈迈德：为什么把他们定义为少数民族，又让他们作出改变？

厉声：这里面包含多方面原因。第一个方面——惯性。中国历史上就有华夏和少数民族的概念，中原地区称为华夏也就是汉族，边远地方原来称为蛮夷，它是历史上对于不同民族的称谓，后来华夏以外其他地区的被称为少数民族。

艾哈迈德：清朝的时候，为什么没有少数民族这一称呼？

厉声：清朝时期是从区域方面来界定，没有从民族概念来考虑，主要是用藩部，包括东北（老祖宗）、蒙古（认为与中原不同）、西北、新疆、西藏、海南、台湾等边远地区。所以清朝是用"理藩院"来管理，把少数民族居住的地方称为"藩部"，它实行的是宗藩制，就像一个家庭一样，我是家长，我有很多儿子，我的几个儿子分布在不同地方，治理的方式不一样。清朝定都北京，入住中原，所以以"藩部"的形式管理少数民族，清政府允许信仰宗教自由。

艾哈迈德：在国外，很多人认为少数民族这个概念是模仿前苏联来定义的，您怎么认为？

厉声：这就是我们要讲的第二个方面——前苏联。新中国成立后，与苏联关系比较密切，所以在这种背景下前苏联以指导的方式帮助中国建设，在民族问题上我们也接受了前苏联的指导来实行自己的政策。但是中国在接受前苏联指导基础上也作出了调整，比如前苏联认为他们建立的是加盟共和国，按照苏维埃联盟的法律，加盟共和国有加入和退出的自由；但是中国根据中国国情进行了调整，国家里面少数民族的地方可以建立自治地方，也就是自治区，所以这是很重要的一个调整。而且对于今天来说，意义非常重大，如果我们照搬了前苏联模式，现在问题恐怕会更多。体制方面跟前苏联不同，但是整体的思路包括民族政策、民族看法等都受到了前苏联影响。

艾哈迈德：中国有 55 个少数民族，但有些少数民族人口还不到 1 万人，在国际平台上也不算少数民族？

厉声：1953 年开始实行全国民族大调查，既然要确定少数民族，就要确定哪些是，所以这需要一定的衡量标准。在民族大调查的同时，进行少数民族识别，最终确定是 55 个，外加汉族共 56 个民族。民族之间在历史发展、民族习俗、语言等方面是有区别的。

艾哈迈德：但是现在很多民族如满族、壮族，还有很多少数民族，好像都跟汉族没有什么大的区别？

厉声：这是 1960 年以后的情况，当时是有区别的。1400 万的壮族到现在还有 300 万不会讲汉语，不会写汉字，所以看电视、听广播他们完全不懂，我们跟相关部门联系过，希望可以恢复壮语的电视或者广播，2006 年就开始逐步加强。

艾哈迈德：那您觉得 50 年代少数民族这个政策给中国带来了什么？

厉声：我觉得可以从两个方面来讲，刚才讲了一下成因，一是中国国情，一是借鉴前苏联指导。现在我们来讲，根据新中国刚成立时的国情和当时中国民族状况，实行民族区域自治政策是完全正确的，如果不实行优惠的、照顾少数民族发展的区域自治政策，可能现在的差距更大。

艾哈迈德：您说的是文化上的差距还是经济上的？

厉声：最主要的是经济上的，文化是在经济之上的，文化像维吾尔族文化、藏族文化，它都有各自的优点。像经济就不一样了，经济发展差距过大就会造成社会发展的差距。

艾哈迈德：这不都是一个国家吗，为什么有的民族就会有经济的问题，有的民族就不存在经济问题？

厉声：一个很重要的原因就是历史上形成的区位，中原地区历来是中国的经济中心，特别是长江和黄河流域。到 1840 年近代以后，东南沿海从厦门到上海，逐渐成为中国经济中心区。中国东北、西北是属于边疆地区，历史上就存在发展差异，中原地区富庶，边疆地区穷困。新中国成立以后，中国经济东南沿海占主要位置，东西部差距更大，西藏、新疆农奴制，农民依附地主土地为生，没有人身自由。在这样一个大的背景下，如果不对一些特殊地区实行优惠政策，它的差距就会越来越大，很难赶超先进地区。

艾哈迈德：有一天，少数民族这个政策会没有了吗？

厉声：世界的民族问题都比较敏感，在这种背景下，有些问题、政策是要随着形势的发展及时逐步调整。

艾哈迈德：有一天，中国会没有"少数民族"这个概念吗？

厉声：会有可能的。情况有两种：第一是社会经济水平基本拉平；第二是人民的观念中"国民"的观念占据主导位置。在这两种情况下，少数民族的概念会逐步地退后。

艾哈迈德：中国政府在这个方面做了什么提前的工作？

厉声：你可以看一下 2014 年 9 月 28 日中国民族工作座谈会中习近平的讲话，里面有很重要的一点，就是按区域实行政策。原来按民族实行政策为主，新疆维吾尔自治区政策就是给维吾尔族的。我们原来有一个政策是"肉食补贴"，比如维吾尔族、哈萨克族都比较喜欢吃羊肉，羊肉比猪肉贵一些，所以羊肉要补贴，1990 年新疆自治区人民前后能领到 50 元／人补贴费，那时算不少了。习近平讲话中提到的按区域实行政策，这意味着区域内的不同民族均可享受到同样待遇。

艾哈迈德：为什么新疆的经济发展相对于中国南方要滞后一些？

厉声：这个主要是区位问题，清代官员从北京到乌鲁木齐需要三个月时间，牛车带上自己的家眷，骑着马一站一站的。因为中国计划经济是 1949 年实行的，所以在 1949 年之前是没有区位优势的，它的经济发展滞后，社会发展滞后，其他方面也如是。今天也是一样，举个例子，我有一个亲戚在新疆联合收割机厂，1985 年的时候，这个厂生产的小四轮拖拉机占全国的 48%，形势非常好。于是，开始将小四轮运送到内地出售。后来为降低成本，将小四轮零件运送到内地主要售卖地进行组装销售，成本降低后，它又想将组装厂改成生产厂，在组装厂就地生产零配件生产小四轮，这下问题就来了，当地利用高薪、分房、落户等优越条件，将它的技术骨干全部挖走了，因为这是市场经济时代，于是新疆联合收割机厂从偌大一个企业转为破产。这就是改革开放以后，形成的区位差异造成的经济发展的差别，1949 年之前乃至历史上历代王朝时期都比这更严重。另外，经济的类型也不一样，中原地区是农耕经济，边远地方如内蒙古它是游牧经济，新疆是半农半牧经济，西藏是高原农牧经济，只有农耕经济是自然条件最好的，收入最为稳定的。对于游牧民族来讲，他的牲畜既是他的生产资料也是他的生活资料，一场暴风雪过后，可能他将会一无所有了。它的发展模式相对农耕经济也较为落后，这是由它内部社会经济结构及外部区位因素造成的，因为它连不成一个统一的市场。

艾哈迈德：在少数民族里面，维吾尔族跟其他民族有什么不同？

厉声：历史上维吾尔族主要生活在新疆，但它是一个融合的民族。首先，它是种族的融合。维吾尔族的族源是蒙古利亚人，黄种人，是在蒙古高原的，公元 8 世纪在鄂尔浑河附近建立了鄂尔浑回纥汗国，存在了 100 年。后来被柯尔克孜的前身黠戛斯打败后，游牧民族迁徙，往东迁徙的到中原融入了汉族。往西一支就近迁徙到了祁连山，就是现在裕固族自治县的裕固族；一支迁到现在的吐鲁番，叫高昌回纥；第三支迁到了喀什，连现在的乌兹别克一带建立了喀喇汗王朝。西域本地欧罗巴人是新石器时代由西边往东边迁徙进来的，定居在各个绿洲上，由于绿洲经济和政治的分散，所以没有形成统一的民族。但是公元 840 年，回纥民族迁去西域之后，这个地方开始以回纥称谓自己，这是近现代维吾尔族形成的一个起始。早期迁徙的融合和欧罗巴人种与蒙古利亚人种的融合形成了元代的维吾尔。在此之后，蒙古族大批迁徙到新疆，成吉思汗同意后，上百万的蒙古人在迁入新疆后改信了伊斯兰教，融合到维吾尔族里面。现在新疆的蒙古族是 1600 年越过阿尔泰山迁入到新疆的，那时已经号称准格尔蒙古族（清朝）。所以这是第二次大的融合。小的融合更多了，语言、文字、文化、宗教、人种、经济都是前后进来不同程度的融合。当时，西域语言 28 种，在西域用的文字有 35 种左右。之后从东往西迁去的，乾隆时期最多，大概四五十万人。第二个区别，它在西域民族发展的中间阶段，由信仰摩尼教改为信仰伊斯兰教。剩下的民族全是 18 世纪中期以后进入新疆的。

艾哈迈德：兵团刚成立的时候，里面少数民族多吗？

厉声：少，三区革命的伊犁民族军全部分在了兵团，发展的过程中接收了一些地方的农场，80 年代又接收了比较多的农场，所以现在兵团的民族也不少，30 多万人。当时少数民族大多都留在了地方做公务员，一部分去了南疆，所以兵团少数民族大概占据 1/10 左右。

艾哈迈德：情况稳定之后，兵团为什么没有被撤销？

厉声：兵团成立之后，开始着重于生产建设。1959 年中苏关系破裂，1960 年两国关系紧张，1961 年中苏就边境问题展开谈判，1964 年确定了一条大致的边境线，也就是 1995 年签订的这一条。谈判过程中，发生了一些摩擦，所以兵团主要任务由"生产建设"转为"屯垦戍边"。1975 年全国十几个兵团全部撤销，新疆兵团撤销后，成立了农垦总局。80 年代，新疆形势发生变化，还需要加强兵团对新疆经济的示范作用，于是决定恢复新疆兵团。

自治区保留新疆原来比较优秀的企业、商场、工场、矿山等来支援新疆，原来自治区一大批农场交给兵团。

艾哈迈德：历史上，兵团与自治区是什么关系？

厉声：历史上，两者是一体的。自治区的第一书记，兼兵团的第一政委、第一书记；自治区的主席兼兵团的司令员，大概是这样。兵团是自治区的一部分，属副省级。90 年代初，兵团按省级实行国家计划单列，还是属于自治区的一部分，但计划单列。自治区大的政策制定完之后，兵团要执行；但就具体问题上面，它是不管兵团的，而是由国家的各个部委来管理，比如财政方面，由国家的财政部来对接兵团的财政局，只是向自治区报一个备案。

艾哈迈德：为什么兵团恢复后，没有更改它的名字？

厉声：改过了，恢复前是新疆军区生产建设兵团，1981 年恢复后更名为新疆生产建设兵团。

艾哈迈德：为什么没有改去"兵"这个字？

厉声：已经有了兵团，而且被大家所接受，所以不宜删掉。

艾哈迈德：现在新疆还需要兵团吗？

　　厉声：应该还需要，最主要它是新疆发展、稳定的一个平台，而且是一支有建制、有组织的力量。自治区重大项目如交通、水利设施建设，90% 由兵团来实施，原来是这样，现在好了一些。另外，兵团可以为中亚提供援助建设，接受国家委托，提供一些附属设施建设。

　　艾哈迈德：兵团在建设和稳定新疆方面发挥什么作用？

　　厉声：第一，兵团如果在推动新疆经济发展方面前进一大步，对维护新疆稳定是很有作用的。第二，在每个地区，兵团所在的机构都能成为当地维护稳定的一支有组织的力量。

八

兵团故事 ▶

　　新疆之旅结束已有一段时间了，在整理资料时，我发现除了在采访中接触到的人外，我还听别人说起了许多故事，这些故事大多都是发生在兵团中某个人身上或者某个家庭之中。故事中或有感人的亲情，或有令人佩服的创业者。这些故事也从一个方面体现出兵团对于当地居民生活的影响。

八、兵团故事

　　新疆之旅结束已有一段时间了，在整理资料时，我发现除了在采访中接触到的人外，我还听别人说起了许多故事，这些故事大多都是发生在兵团中某个人身上或者某个家庭之中。故事中或有感人的亲情，或有令人佩服的创业者。这些故事也从一个方面体现出兵团对于当地居民生活的影响。

故事 1：维吾尔族女孩李丹丹和她的汉族奶奶

　　12 年的时间，她从一个被遗弃的婴儿到一个健康成长的女孩，虽然没有父母亲的疼爱，但她不缺少关爱。在她的身边，有爷爷奶奶的爱，有叔叔姨姨的爱。这种爱，跨越民族、超越亲情……

　　学校已经放假了，闲暇在家的李丹丹每天除了写作业，还要帮助奶奶打扫卫生、做饭，做一些力所能及的事。

　　12 岁的李丹丹是一名维吾尔族姑娘，大个子，大脸盘，乌黑的头发，又黑又亮的双眸，一看就是一名标准的维吾尔族姑娘。但她却从小生活在一个汉族人的家中，有一个汉族奶奶、汉族爷爷，有汉族叔叔、汉族阿姨，还有汉族哥哥、姐姐和妹妹……

　　她从小就生活在一个充满友爱、充满温情的汉族大家庭里。

　　这是怎样的一段特殊经历，怎样的一段亲情故事？

上厕所意外捡到一个女婴

　　2001 年 1 月 8 日的南疆重镇库车县乌恰乡（现在的乌恰镇），时值冬日，气温下降到了零下十几度。

　　这天 12 点多钟，蔡金玉和妹妹春兰还有维吾尔族妇女早尔古结伴到乡农贸市场上厕所。三个人有说有笑走着，蔡金玉走在前面。走着走着，突然，不远处传来一声婴儿的哭啼声。

蔡金玉耳朵很尖，她下意识地停下脚步仔细听。紧接着，又是一声微弱的哭泣声。蔡金玉立即转身循声寻去。声音是从垃圾箱的一个塑料袋里发出来的。蔡金玉麻利地打开一看，只见里面包着一个冒着热气、浑身发紫且沾满血块的婴儿。婴儿的眼睛紧闭着，小手和小脚丫胡乱地踢着。也许是这个小小的生命知道好心人来救她了，打开塑料袋的时候，她停止了哭泣，开始呀呀地撒着娇。

"是个女娃娃，看样子才生下不久！"已经是三个孩子母亲的蔡金玉看了看孩子后肯定地说。婴儿的处境危险，如果不及时救助，婴儿不是被冻死就是饿死。

婴儿呀呀的叫声，勾起了蔡金玉无限的爱怜，也唤起了她母性的温情。她二话不说，抱起孩子就往不远的家里跑。

蔡金玉的老公李朝俊是十三师红星二场化工连的一名职工，由于单位效益不好下岗分流了。李朝俊是名赤脚医生，会中医。凭着这身本领，夫妻俩辗转到了库车县乌恰乡，在乡农贸市场里开了一家中医门诊。

蔡金玉跌跌撞撞地回到家里，老公正在给病人把脉。看到媳妇回来抱回来个塑料袋，他迷惑地望着妻子。"朝俊，先帮我看一下这个娃娃，刚上厕所时在垃圾箱里捡到的，你先看一下娃娃怎么样？"看着焦急的妻子，李朝俊立即放下手里的活过来检查婴儿。"娃娃好着呢，你接点热水先把身上给洗一下，你看多脏。"李朝俊检查完后对妻子说。

蔡金玉接了三大盆热水，在老公的帮助下把婴儿身上洗干净。婴儿到了温暖的房子里，洗得干干净净，包裹得严严实实，还是不停地哭。听到孩子的哭声，蔡金玉心想孩子一定是饿了。

她赶快把婴儿交给老公照顾，跑步到市场里打了两公斤牛奶，买了奶瓶，烧开牛奶给婴儿喝。蔡金玉怀里抱着婴儿，看着她瘦弱的身体，心里升起无限的爱怜。她把奶瓶对着婴儿的小嘴唇，小家伙张开嘴巴，不停地尝试着，吮吸着。

为了弃婴她顶住压力坚持收养

"你说怎么办？"

"你说，娃娃是你捡来的，你说？"

蔡金玉好心捡到女婴的事让夫妻俩有了分歧。

李朝俊的意思是过几天把孩子送到孤儿院去。一是因为他们在此地也是临时性的，现在居无定所，为了生活东奔西跑的，本来就很辛苦，再带个娃娃就更麻烦。二是自己也有两个儿子一个女儿，大儿子李建江已经29岁了，他的小孩也已经两三个月。他们都没有时间和精力去带自己的亲孙子，要是再照顾一个捡来的孩子，就是儿子不说啥，儿媳妇心里肯定会有想法。再说，他们年龄也不小了，带个才出生的婴儿，再把她抚养成人，不知要付出多少辛苦。

丈夫的难处蔡金玉不是没有考虑到，只是这个鲜活的生命是自己亲手捡的，怎么能说送走就送走呢。

蔡金玉心想，我就把这个孩子当自己的女儿养，女儿是妈妈的贴心小棉袄。当时蔡金玉已经51岁，丈夫比她大8岁。她的女儿当时已经嫁到了甘肃，两个儿子也一直在乌鲁木齐工作。她想，以后老伴要是先走了，身边还有一个小的陪伴自己，也不会觉得太孤单。

就是凭着这种想法，蔡金玉苦口婆心地劝导丈夫。

看着老伴始终坚持自己的看法，李朝俊最终同意了把婴儿留在身边抚养。

蔡金玉大喜过望，但为了稳妥起见。她又打电话和儿女商量。听说婆婆在库车县收养了一个弃婴，大儿媳心里一直有想法，也在丈夫跟前埋怨过，当时她的孩子也没有人带。蔡金玉在甘肃的外孙女虽说长大了，但女儿从父母辛苦的角度上考虑，也不同意。

儿女们一听说母亲这么大岁数了要收养一个弃婴，说啥都不同意。蔡金玉70多岁的母亲李香云听说了女儿的事，打来电话说她疯了。蔡金玉的几个姊妹闻讯后，也主动打来电话劝她不要放着清福不享自己给自己找事。真是一石激起千层浪。

关键时刻，李朝俊给了妻子莫大的支持。看着妻子因为亲人们的反对而显得焦虑不安，李朝俊给妻子打气说："老婆，没事，收养娃娃是我们的事，不要他们管。"

李朝俊又一一地给亲人们打电话劝说。过了几天，收养风波渐渐平息了。蔡金玉和丈夫抱着孩子到库车县民政局办理了收养证。蔡金玉给娃娃起了名字叫李依婳。

蔡金玉想让李依婳管自己叫妈妈，儿女们死活不同意。二儿子李闯打来电话嗔怪地说："年龄都相差这么多，咋能这样叫。"大儿子李建江也在电话里说不行，他坚持让她叫奶奶。

本想着叫妈妈亲切一些，但儿女们一致反对，蔡金玉也只好作罢，依了儿女们的意思。

带过孩子的人都知道带孩子的辛苦。李依婳刚捡回来的时候蔡金玉

长大后的维族女孩李丹丹（左）和汉族爷爷奶奶（中）同作者愉快交谈。

专门带她去医院称了一下，只有三斤重，瘦得皮包骨头，孩子抵抗力也不行，三天两头病。好在李朝俊会中医，经常开些药给孩子调理，后来她身体越来越好。

蔡金玉精心伺弄孩子，每天早早地把牛奶打好，牛奶不够的时候再加上奶粉。她精心照顾孩子的日常生活。小媢半夜里哭着饿了，李朝俊就爬起来给孩子热牛奶。小媢拉屎尿了，蔡金玉忙着换尿布、洗尿布。虽然整天忙忙碌碌，但蔡金玉觉得心里很踏实。

在她和丈夫的悉心照料下，李依媢的身体渐渐有了好转。等到孩子五个月大的时候，已经长得白白胖胖，特别可爱，谁见了都想抱一抱。

为了孩子上学结束连年的辗转

2001年12月，李朝俊和蔡金玉带着快一岁的孩子辗转到河南禹州。离开库车的时候，他们路过一个检查站。检查站的人员看到两个汉族人带着一个维吾尔族孩子，怀疑他们是人贩子。不管李朝俊夫妇拿着收养证如何解释，检查站的人员还是把他们控制起来。后来通过打电话与当地派出所核对，他们才把李朝俊一家人放了出来。

在去河南的路上，胖乎乎的李依媢第一次坐火车，好奇地东张西望。火车上的人看到睫毛很长的维吾尔族孩子，都争着要抱。

从2001年底至2007年6月，李朝俊一家先后辗转于河南、乌鲁木齐、哈密、广西、广州。在这6年时间里，李依媢也从牙牙学语的婴儿长成懂事的孩子，名字也改成了李丹丹。在她三岁的时候，还发生了一件感人的事。

当时，蔡金玉得了子宫肌瘤，需要做手术治疗。亲戚朋友闻知她要做手术，都过来看望。有些亲戚劝蔡金玉说，她得的这个病就是带李丹丹累的。还有的亲戚不无担忧地对蔡金玉说，你快要住院了，谁来照顾李丹丹，干脆就乘着这个机会把这娃娃送到孤儿院去算了。

听着亲戚们的劝说，蔡金玉想想自己若是做了手术，确实是没有办法照顾娃娃。她听说红星三场（现在合并到了火箭农场）有一个孤儿院，于是抱着看一下的态度去了解情况。

见到孤儿院的工作人员，蔡金玉就和他们商量说，把娃娃暂时性地放在这里，自己的病情好点随时过来看望或者把娃娃接走行不行。工作人员说不行，既然送来了就不能再看望了。

听完工作人员的话，蔡金玉想：自己和娃娃待了这么长时间，要是真的送走，我还真的舍不得呢。

后来，李丹丹又跟着爷爷奶奶一直辗转于外地，上完幼儿园眼看着就要上一年级了，蔡金玉想为了孩子有个安定的学习环境，干脆回家算了。这一年年底，他们把广州佛山的中医门诊关了，回到了红星二场。

孙女是奶奶的贴心小棉袄

2009年春节过后的一天，蔡金玉骑着自行车出门去办事。家里就剩下孙女和李朝俊。

眼看着下午吃饭的时间就到了，奶奶还没有回来。李丹丹有点着急了。平时她特别粘奶奶，简直就是奶奶的"跟屁虫"。李丹丹左等右等不见奶奶回来，着急地在屋子里转圈圈。爷爷看着孙女着急的样子，打发她去买包烟，其实是让她出去转一转。

李丹丹得到了爷爷的允许，飞也似地跑出了门。丹丹骑着自行车来到连队的商店，她向奶奶回来应该走的路上眺望。这一看可把她吓了一跳，她看到桥的下坡上躺着一个人，看衣着打扮有点像奶奶丹丹的心跳加速，她踮起脚尖伸长脖子再仔细一看，就是奶奶，早上出门的时候她就用蓝头巾包头，旁边倒着的自行车也很眼熟。

丹丹撒开脚丫子连哭带叫着跑过去把奶奶搀扶起来。蔡金玉做梦也没有想到孙女会在这个时候出现。原来，她上午出去办事时在朋友家喝了几杯酒，没想到酒劲挺大的。她骑着自行车上桥时摔倒了，当时就骨折了。由于伤势挺重，她痛得爬不起来。

情况紧急，丹丹很镇定。她赶快跑到附近的同学家里，把同学的爸爸叫上，再用同学家的三轮车把奶奶护送回家里。

看着像个大人似的孙女，蔡金玉心里特别感动。这么多年来对孙女的疼爱没有白费，在关键时刻，孙女和她心有灵犀，能够帮上大忙。

丹丹一周岁时的照片

    丹丹长到 12 岁，蔡金玉只打过她一次。当时丹丹还上学前班。有一天爷爷给她 5 块钱让她去买烟。回来的时候丹丹不小心把烟丢了。她又找同学借了 5 块钱给爷爷买烟。事后蔡金玉从和丹丹一起玩的小朋友那里知道丹丹那天买烟丢钱了，回家后她就把丹丹叫到跟前询问上次是不是把给爷爷买的烟弄丢了。

    丹丹一看瞒不过去了就说是。蔡金玉又问她，那你后来又是从哪里弄的钱买的烟。丹丹说是从彤彤姑姑那里借的。奶奶当时就让她给姑姑打电话。自知理亏的丹丹不敢打，蔡金玉当时很生气，说你小小的年龄就骗人，狠狠地打了她一顿。事后又给了 5 块钱让她还给小朋友。从这以后丹丹再也不敢撒谎。

    上二年级的时候，有一天，丹丹放学回来哭成了泪人。奶奶心疼地问怎么了。

丹丹一边抹着眼泪一边说："奶奶，原来我是维族呀，为啥你们是汉族？为什么我没有爸爸妈妈？"

蔡金玉把丹丹搂在怀里，擦拭着她的眼泪说："就是呀，爷爷奶奶是汉族，你是维族，所以奶奶平时叫你好好上学，你就要更加用功才行。"

蔡金玉觉得时候到了，应该给孙女讲清她的身世了。讲完了丹丹的身世，丹丹哭了，蔡金玉也哭了。这也是从这一刻起，在丹丹幼小的心灵里，知道了一直疼她爱她的爷爷奶奶不是她的亲人但胜似她的亲人。

随着年龄的增长，丹丹渐渐地懂事了，学习很自觉，成绩在班里也处于中上游。对于自己的身世，她一直有个心结。蔡金玉看懂了她的心思，时常开导她说，肯定是你父母有他们的难处，你要学会原谅他们。有时候，奶奶会问，要是将来有一天你的亲生父母来找你怎么办。丹丹认真地看着奶奶说："可以，我认他们，先拿来50万再说。"

奶奶迷惑不解地看着她。丹丹咯咯一笑说："钱给你们，我还是不跟他们走。"说完，笑着扑到奶奶怀里。

为了孙女不知吃了多少苦

回到红星二场后，蔡金玉和老伴在团场交了养老保险。现在他们都退休了。李朝俊医术比较好，现在在哈密某医院坐诊看病。蔡金玉一人在家带孙女。

这些年来，蔡金玉几乎把所有的爱、所有的钱都花在了孙女身上。这也引起了儿女们的反对。

蔡金玉的儿女们每年的春节都要回家团聚。去年春节，女儿李淑娟带着15岁的孩子张学纯回来探望父母。回家没几天，李淑娟就和母亲吵了一架。原来，女儿看到母亲对丹丹不是一般的好，而是特别的好。几个孩子在一起玩时她总是护着丹丹。李淑娟心里有点不舒服，和母亲吵了起来。

李淑娟对母亲说："我们这些亲生的娃娃都比不上你捡来的娃娃，你太偏心了，你把所有的爱都给了李丹丹。"

说完这话，李淑娟哭了。这些年来，她一个人带女儿也确实不容易。蔡金玉也哭了。在她的心里，丹丹的地位胜过了一切。

不仅女儿感觉母亲偏心丹丹，蔡金玉 80 多岁的母亲李香云也感觉到了。老母亲曾带着责备的口吻对女儿说："你看看，要不是你捡回来个李丹丹，现在你就可以伺候我了。"蔡金玉苦笑了一下说："那我现在也不是一样在伺候你嘛。"老母亲叹了一口气说："那肯定不一样呀！"

蔡金玉每次去哈密看望母亲，都要带着丹丹。有一次，家里的孩子比较多，老母亲一直在使唤丹丹，一会儿叫她干这，一会儿叫她干那。蔡金玉当场就不高兴了，跟老母亲理论起来。再后来，她看望母亲的时候就很少再带丹丹去了。

今年春节，老母亲生病住院了。儿女们轮流来医院伺候。轮到蔡金玉的时候，她在医院待了一天就要着急走。老母亲看出了女儿的心事，叹了一口气，轻轻地说："哎，还是你的丹丹重要呀！"

蔡金玉听了这话心里不是个滋味，这些年来她也努力尽孝心，这次母亲病重，按理说要多伺候几天母亲，但家里只有丹丹一个人，她有些不放心。

老母亲看到女儿面有难色，又说："回去吧，要不丹丹又打电话催你了。"老母亲尽管时常唠叨，但母女同心，她还是心疼自己的女儿。

一晃丹丹已经长大，她从小懂事又乖巧，深得几个叔叔、阿姨的喜欢。每年放假，叔叔们领着孩子们看望父母，几个孩子玩得特别高兴。

2011 年 12 月，蔡金玉的二儿媳坐月子，蔡金玉去乌鲁木齐照顾儿媳。奶奶走后的一个多月，李丹丹天天晚上给奶奶打电话。每次电话接起来的第一句就是"奶奶你啥时候回来呀？"奶奶回来的那天，李丹丹高兴得一晚上没有睡着觉。

如今，昔日 3 斤重的婴儿已经长得将近 168 厘米、80 公斤重了。也许是受爷爷的影响，丹丹的理想是长大了当一名中医，像爷爷一样妙手回春、救死扶伤。

对于李丹丹，蔡金玉无怨无悔。从不懂事的婴儿到能读书上学，蔡金玉付出的太多太多。而对于自己的亲人们，蔡金玉感到亏欠太多，太多，每次说起这些事，一向坚强、乐观的蔡金玉都泣不成声。

蔡金玉现在最大的希望就是丹丹将来能够考上大学。由于多年来一直在外漂泊，三个儿女没有一个上过大学，蔡金玉希望丹丹能够圆大学梦，了却她多年的心愿。

为了丹丹不顾自己，为了丹丹忘记自己，为了丹丹牺牲自己。这就是蔡金玉，一位平凡而又伟大的女性的可贵之处。

李丹丹茁壮成长，不仅学习好，还很懂事。在她的心里，爷爷奶奶

蔡奶奶家大门上丹丹的美好寄语

就是她生命中的一棵大树,任何时候都可以依靠。风来了挡风,雨来了挡雨,春天来了依着它畅想,夏天来了依着它遮阳,秋天来了依着它歌唱,冬天来了依着它御寒……

故事2:黄田农场买买提·依沙克:多元增收圆了致富梦

在新疆生产建设兵团第十三师黄田农场,只要一提起买买提·依沙克,人们都会赞不绝口地夸赞:"这两年买买提·依沙克搞多种经营可是发大财了!"据了解,买买提·依沙克2012年搞多元增收,纯收入达到了35万元人民币,圆了他的致富梦。

今年54岁的买买提·依沙克,是黄田农场畜牧中心的一名牧工,自该场2001年实行畜牧业改制,将羊群作价归户后,他也有了自己的羊群。通过几年的科学管理和饲养,2005年买买提·依沙克的羊群已发展到了近500只,再加上他搞育肥养殖和小车运输的收入,2005年底,买买提·依沙克已拥有资产17万元,纯收入达到9万元。

1996年,该场实行"北牧南迁"政策后,当很多牧民还沉浸在过去那种游牧生活中犹豫不决时,买买提·依沙克已积极响应农场号召带头报了名,从八大石深山牧区搬迁到了山南园五连波斯坦队。

搬迁到山南后,买买提·依沙克又看到了商机,他瞄准肉类市场销售量逐年增加的势头,萌生了搞庭院养殖育肥的想法。可是在具体操作时,他遇到了资金不足的困难,场工会及时为他提供了2万元的贷款。用这2万元他修建了900多平方米的标准化暖棚和2间牲畜房。2005年共出售育肥羊150只,收入3.3万元,出售育肥牛20多头,收入1.4万元,出售活畜牛、马等大牲口10多头,收入2万多元,出售羊毛收入1.5万元,年底买买提·依沙克仅养殖收入就达到了8.2万元。

在做好养殖的同时,聪明的买买提·依沙克又做起了八大石深山牧民的经纪人。细心的买买提发现,自从农场畜牧业改制后,牧工的积极性很大,羊只的繁育率大大提高,激活了八大石山区的活畜交易

十三师黄田农场职工买买提·依沙克荣获"百佳示范户"称号。

活动，但交通的制约阻碍了活畜市场的交流。他看到这是一条既能帮助牧民解决困难，又能使自己致富的新路子。买买提·依沙克便筹集资金 7 万多元，买了一辆小型运输车，将八大石牧区的羊买回来或帮助牧工来到哈密活畜市场出售。他粗略向笔者算了一下，这一项收入一年下来至少也在 1 万元以上，加上养殖育肥的收入，纯收入在 9 万元以上。

通过几年的打拼，到了 2009 年，买买提·依沙克积蓄了一定的资金，他又看到了新的挣钱门路。八大石的石灰石矿需要运输车辆，他瞅准时机又花了 46 万元购买了一辆陕西重卡，跑起了运输。让他万万没想到的是这一辆车一年下来收入就达到了 21 万元。到了 2010 年他已经不满足于传统的游牧生活。思路决定出路，他积极响应国家草原生态补助政策的号召，作出了一个大胆的决定：留下 200 只羊在山南搞冬季育肥，其余300只羊一次性卖掉，手里拥有了一定的资金。这年他又花48万元买了一辆陕西重卡，他的2个儿子驾驶着两辆重卡源源不断地将八大石矿区的石灰石运往南岗水泥厂和天山水泥厂。后来人手不够，买买提·依沙克又在八大石雇佣了2名当地的待业青年帮着开车，这样就解决了4个人的就业问题，让大家都有了一份稳定的收入。

两年辛苦下来，2012年是收入最好的一年，经营大车收入30万元，草场补贴1.3万元，冬春季育肥180只羊收入3.7万元，2012年他的各项收入达到了35万元。说这话时，买买提·依沙克的脸上露出了幸福的笑容。

2月20日，十三师政委黄志刚来到黄田农场对该场"解放思想、促进团场增效、职工增收"开展情况进行调研时，就来到买买提·依沙

买买提·依沙克（中）

克家中，与他面对面进行了亲切的交谈，对他的这种敢于解放思想、敢闯敢干的精神给予充分肯定，并对在场的农场领导说"买买提·依沙克的这种做法很好，要好好宣传。"

当问及买买提·依沙克的新年打算时，他早有了自己的小九九："我打算 2013 年再贷款 10 万元，购买 500 只羊进行育肥，育肥牛 20 头，育肥收入计划达到六七万元，两辆大车计划收入 40 多万元，今年纯收入计划向 50 万元进发！"

九

兵团人物 ▶

在新疆兵团的旅程中，实际上采访到了很多人。除了在书中已经提到过的兵团中的牧民、杂技团演职人员、手工艺人及研究所人员等，还有牧场的兽医、第一代军垦女职工等。每一个人在兵团的经历都不相同，每一个人眼中的兵团也都不相同。不是因为他们的故事不够精彩才不放在正文中去叙说。有一些是因为篇幅的原因，而有的则是因为故事太过出彩，不知如何融入书中。所以，像兵团故事部分一样，我将自己未放在文中的采访单独整理出来。这些采访我未作任何删减，从与这些人的谈话中，你可以了解到一个更为全面的兵团。

九、兵团人物

在新疆兵团的旅程中，实际上采访到了很多人。除了在书中已经提到过的兵团中的牧民、杂技团演职人员、手工艺人及研究所人员等，还有牧场的兽医、第一代军垦女职工等。每一个人在兵团的经历都不相同，每一个人眼中的兵团也都不相同。不是因为他们的故事不够精彩才不放在正文中去叙说。有一些是因为篇幅的原因，而有的则是因为故事太过出彩，不知如何融入书中。所以，像兵团故事部分一样，我将自己未放在文中的采访单独整理出来。这些采访我未作任何删减，从与这些人的谈话中，你可以了解到一个更为全面的兵团。

采访实录 1：牧二场书记（哈萨克族）

书记：现在的牧二场草场占地面积约 88.6 万亩，是三个牧场中面积最小的，是在 2001 年与牧四场合并而成的，总共牧业点有 11 个。近两年，国家搞草期平衡，禁牧 6.4 万亩。

艾哈迈德：三个牧场总共多少人呢？

书记：近 3000 人。

艾哈迈德：都是少数民族吗？

书记：都是少数民族，包括回族、哈萨克族、维吾尔族、柯尔克孜族，牧二场基本都是哈萨克族，没有回族和维吾尔族，但是牧三场有。

艾哈迈德：在这里他们放自己的羊，你们是怎么收取费用的？

书记：1998 年是 30.6 元 / 只，都会上缴给国家。现在向国家缴纳的标准是 13.6 元 / 只，减免了近 20 元，而且每年还给每家牧民发放近 5000 元，作为奖励。

艾哈迈德：那你们的利益在哪呢？

书记：兵团的利益要靠兵团自己劳动去创收。草期平衡奖励是国家补贴的，13.6 元交给我们。兵团每年发出去的就 100 多万。

艾哈迈德：牧民的孩子教育以及他们的医疗方面是怎样的？

书记：教育方面，孔萨拉这个点有学前教育，兵团提供教师和教学设备。

艾哈迈德：免费的吗？

书记：全部免费！小学去一〇四团，大人游牧，孩子住校接受教育。

艾哈迈德：那医疗方面呢？

书记：牧二场有三个医师，一场三场各有两个，医师会分点定期负责检查巡诊。牧民有意外情况打电话给医师，他们就会上门看病。另外，离这边三四十公里处的黑家沟有定点医院，大病可以去昌吉看。

艾哈迈德：牧民们的孩子长大上学后，不愿意回来放羊，这样人会不会越来越少？

书记：是越来越少，现有的人能放多少放多少。自认为有能力的自愿出去找工作打工赚钱，这样一来，留下的牧民也可以更加富裕一些。现在，我们还有 100 多名职工，每年场里要承担 100 多万的费用，负担特别重，职工退休后还可以领到工资。相比下面定居下来的居民，这里的牧民生活还要艰苦一些。3 月份开始接羊羔，遇到雪灾等，每年都要免费发放上百吨草料给牧民。现在总共有 17000 多只羊、500 多头牛、300 多匹马、30 多只骆驼（用于搬家）。

艾哈迈德：这三个牧场有没有做礼拜的地方？

书记：有清真寺，我们的在黑家沟，都有自己的阿訇来讲经。

场长：牧二场牧民最分散。全团的草场面积是 330 多万亩。因为三个场全部由我负责，所以比较清楚。

张楠：近两年羊肉价格怎么样？

书记：去年不好。澳大利亚和新西兰的进口肉太多，受到冲击，每只羊才卖到 600—700 元，价格降低了。前年每只可以卖到 800—900 元，高的时候还可以卖到 1000 多元。羊一般 3 月份下羊羔，7 月份就可以卖出，每只羊大约 16—17 公斤。

艾哈迈德：牧民这边的羊怎么卖？卖给谁？

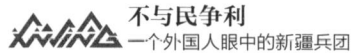

书记：外面市场收购人员开车过来买，也有自己人做生意过来收购的。只要价格合适，牧民就自己卖出，兵团不参与。

吴伯晋：外面牧民安装的太阳能板是自己还是兵团提供的？

书记：国家提出"无电照明"项目，这是由西北科技大学援助我们的。三个牧场都有，一户一个，免费发放。这个项目已经是第三批了。最初是丹麦小型的，24V，只能照明。现在是 220V，直流变交流，照明、充电等均没有问题。

艾哈迈德：牧民的房子是自己盖的？

书记：房子都是自己盖的。也有一些国家的房子，原来一起免费住，1998年草场分开后，都住在一起不是很方便，就自己盖房分开居住了。

艾哈迈德：这附近就他们一户吗？

书记：附近有三户，他们是一个族，有 20-22 人，都有一定的血缘关系。原来一起居住时，1998 年以前，一人一个月有 100 多元工资，一群羊 3-4 人出去放，没有积极性，也富裕不了。

采访实录 2：牧二场兽医

艾哈迈德：您好，您今年多大了？

医生：49 岁。

艾哈迈德：在这边牧民牲畜看病都是怎么收费的？

张楠：国家强制防疫的部分是不收费的，其他个体牲畜看病取药打针是要收费的。

艾哈迈德：您一个月能拿到多少工资？

医生：每月 3000 多元。

艾哈迈德：您这个职业如果在其他地方，是不是可以赚到更多的钱呢？

医生：家人和孩子都在这边，孩子当兵转业以后不喜欢去外面工作，就在家里帮忙看看羊之类的。

艾哈迈德：您学这个专业学了多长时间？

医生：以前没有学这个专业，1991 年在伊犁牧校学习了两年。

艾哈迈德：那你们会给他们提供培训吗？

场长：我们兽医站每年都会为他们提供培训。

艾哈迈德：那培训是不是要用汉语？

场长：他们不怎么会写，但听说都没有问题的，专业词汇都没问题。

艾哈迈德：您从小就在这边？

医生：对，在这出生，到现在 49 年了一直待在这边。

艾哈迈德：您家有多少只羊？赚钱吗？

医生：一共有 150 只，收入还可以。

艾哈迈德：挺好的，既可以领取工资，自己还可以养羊，双份的收入。

医生：以前 300 多只羊，但赚的钱基本都交给国家了，现在赚的钱都属于自己。

艾哈迈德：好的，谢谢。

十二师一〇四团牧二场兽医与作者路遇交谈。

采访实录 3：头屯河牧场宣传科邵科长（女）

邵科长：我们农场是由"八一农场"更名为"头屯河农场"的。总面积比较小，一直是兵团农业机械化的先进，在周边，在昌吉、乌鲁木齐，我们节水灌溉都是非常有名的。1970 年左右是头屯河农场比较辉煌的时候。70 年代经济萧条，80 年代改革开放以来都是以农业化为先导，农场原来主要是回族和维族，维族占 30% 多，后来流动人口渐渐增多。我们这属于头屯河水流经的上游地区，所以葡萄很甜，基本上也是种什么什么甜。老百姓主要依靠农业特别是葡萄来赚钱。

艾哈迈德：兵团职工土地是怎样承包的，权限按年计算吗？

邵科长：没有特殊情况，土地在退休前都在个人手里，退休后兵团收回。现在实行城镇化以后，有些土地被利用，没有了土地这些职工就被安排到工厂里工作。

艾哈迈德：农民（职工）承包地需要花费多少钱？

邵科长：情况分为两种，一种是直接承包，土地没有经过改造利用；另一种是从其他人或者退休者手里转接过来的熟地，相对前者每年每亩地承包费要高 200-300 元。

艾哈迈德：他们每年要交付土地承包费，所有费用他们自己出，那他们生产的产品自己可以出售吗？

邵科长：我们场实行的是"统购、统销"经营模式，销售环节他们不用管，生产环节我们分配技术员，实行规模化农业，可以主导市场价格趋势，基本卖出去的价格都要高于地方，所以这也得到了农民（职工）的认同。

采访实录 4：第一代军垦女职工
参访对象：两位湘女华淑媛、谢荃辉

艾哈迈德：您今年多大？叫什么名字？
华淑媛：我叫华淑媛，今年 80 岁。
谢荃辉：我比她小一岁，今年 79 岁，我叫谢荃辉。
艾哈迈德：看起来都很年轻啊，会跳舞吗？

第一代军垦女职工华淑媛

华淑媛：我有冠心病，每天会做 40—50 分钟的保健操。现在生活都很好了，以前比现在苦多了。

艾哈迈德：以前的苦是怎样的？

华淑媛：我是 1952 年不满 16 岁响应国家号召，从湖南衡阳参军过来的。那时国家很穷，兵团叫新疆军区 22 兵团，我们是为当兵保卫边疆而来的。新疆比较寒冷，那时年龄比较小，思想也很单纯。我父母是衡阳市的商人，但家里仍然不富裕。

艾哈迈德：您能不能跟我讲一下您从 1952 年来新疆到现在的变化？

华淑媛：当时因为不满 16 岁，所以不知道也不懂得吃苦是什么，因为没有钱读书，所以也没有什么害怕的，国家需要我们就来了。我来的时候在八千湘女里面是最后一批，因为要做父母的工作，所以一直耽搁。七个哥哥由于日本侵略都患传染病，最后都病故。当时仅剩下我一个，还是女孩，所以父母很是舍不得，也是答应了他们的一些条件后鼓足勇气来到了边疆。因为年轻，愿意接受党的教育，听从党的安排，也甘愿将自己的青春贡献给国家，贡献给边疆。也是自此，就再也没见过我的父母，那一次的离开，便意味着永别。母亲生我时 42 岁，我是家里最小的而且是唯一的女儿，七个儿子半边天，一个女儿也是半边天，我就是家里的半边天。

艾哈迈德：从家里到这边大概用了多久？

华淑媛：一个月，路非常不好走，从湖南坐火车到西安，从西安坐汽车到新疆，路上很艰苦，大西北越走黄土黄沙就越多，道路颠簸厉害，最后乘坐军车进入新疆。前后都有机枪护卫，女生的长辫子都要放在帽子里面，以掩饰是女性。途遇两辆军车都被土匪烧光抢光了，最后我们有幸安全到达乌鲁木齐。当时乌鲁木齐的汽车很少，路不好，人也少，而且作为一个省城算是比较贫穷的。由于长途跋涉，就地休息一周等待分配。和小伙伴上街时，无意中看到街头宣传栏女拖拉机手的画面，很受启发，心里暗暗发誓自己也要做一名女拖拉机手，面对一路戈壁滩，想要建设边疆的心情更是迫切。在分配工作的时候，首长问我想不想做文书之类的，我十分坚定的说："我想开拖拉机。"当时首长拍拍我的头（当时个子比较小，1 米 59 的样子）说："小鬼，你还小，过两年再开吧。"我说："我不小了，我已经是一个兵了，我要开拖拉机……"现在想起来也挺可笑的，那个时候什么都不知道，也不知道怎么说，比较直白。首长说："嗯，这个小鬼有意思喔"，说说笑笑就走了。大概两三天以后，我的愿望真的实现了，我真的成为了一名女拖拉机手。我被分配到新疆军区 22 兵团 25 师拖拉机站，当时都是部队编制嘛。从乌鲁木齐到拖拉机站去报到，一路上汽车、牛车、马车……什么车都坐了，摇摇晃晃一天多才到。到了拖拉机站，见到拖拉机喜出望外，就这样我也开上了拖拉机，成为了第一代女拖拉机手。我们都是第一代女军垦战士。

艾哈迈德：您是从哪来？

谢荃辉：我是 1937 年生在沅江，长在益阳，长沙参军，父母是做教育的，当过校长，他们以前参加过地下党。我由于家庭原因，上学都是住校跟父母在一起，因此受他们的感染也很深。

艾哈迈德：您是被分到了什么地方？

谢荃辉：记得 1952 年是我姨看到王震将军的号召告诉了我，知道后我们俩就义无反顾地瞒着家人一起来到了新疆。当时应招条件是"年龄 17-25 岁的

第一代军垦女职工谢荃辉

未婚女性"，因为我只有 15 岁，所以虚报了年龄，体检的时候害怕通不过很有压力，伸长脖子、踮起脚跟、口袋里放上石头，所以也是平生第一次撒了谎，就这样通过了体检。

从家到达西安后休整半个月，坐汽车到乌鲁木齐，路上怕遇土匪，把大饼铺在屁股下面藏着，一个人抱着一个人节约空间，也为了安全。那时新疆遥远得很，一般三五年服完兵役就可以回家了，但到乌鲁木齐之后，首长做报告中讲道，18 岁以下的好好学习工作，18 岁以上的就准备在此安家立业。

前面安排学习，后面就是工作维修，然后再学习。当时我被安排到了农学系，从 1952 年学习到 1954 年。

艾哈迈德：兵团哪一年成立的？当时您在哪里？

华淑媛：1954 年。当时 1954 年转业，我们在部队三年时间，当时以为就三年，组织要求能够在此扎根安家。因为响应国家号召而来，我们也会服从党的安排。

艾哈迈德：1952 年来的时候，当地人是什么样的？

华淑媛：当地人有汉族、回族……我们兵团有一个连队就是民族连队——第七连，也是第一次见到少数民族，街上也见到不少，穿得也很漂亮，因为语言不通，但是感觉他们挺欢迎我们的到来。他们对解放军特别是我们这些新来的女兵还都是很尊敬的。兵团的这个民族连队也有好几个民族，每次去师里都会经过他们的连队，然后就听到有人叫"喀斯巴拉，喀斯巴拉（意为"小姑娘"）……"他们都是新疆当地自愿来当兵的。我们的国家就是需要我们的人民来建设和保护。

艾哈迈德：1954 年您才 18 岁，您知道"兵团"的概念吗？是什么意思？

华淑媛：那时就是听党和组织的安排，新疆生产建设兵团就是要做到自己生产、自给自足，不要给国家增加负担，自己来养活自己，丰衣足食，也就是这样在党的领导下逐步达到今天欣欣向荣的局面。那时也是集体转业，全部服从党的安排。毛主席说："把枪放下来，粮食存起来，需要你们的时候你们再拿出来。"1954 年搞生产的放下枪，在边境线上开荒造田的军垦战士仍然保留着枪，因为放羊生产就等于巡逻，这是我们义不容辞的职责所在。

艾哈迈德：当时您有没有碰到过兵团跟少数民族发生矛盾和冲突的事情？

华淑媛：因为我们开荒造田，大片都是戈壁荒滩，兵团人绝对不能与地方争地、争水，都是自己去开辟、创造。有一支歌名为《戈壁滩上盖花园》，还有一支名为《在祖国遥远的西北方》，这在当时兵团开荒年代流传很广。这些歌鼓舞着我们努力创造，不怕辛苦，去战胜一切困难。毛主席的"三大纪律八项注意""一切行动听指挥""不拿群众一针一线"……一直指导着我们前进。所以地方人一直很喜欢我们。

谢荃辉：我们春节还会组织秧歌队等去地方表示慰问，那时什么都会很积极地去学习，害怕落后。

华淑媛：保护边疆、建设边疆，搞好民族团结，是我们一直都要坚持的原则，取得民心与人心，我们才能取得进步和发展。之后两年，地方组织人员来兵团参观，荒凉戈壁滩上全是机械化操作，令地方人很是惊讶。也是基于要满足众多人员的温饱需要，所以兵团发展得比较快速。我们当时的居住环境也很差，是现在人根本想象不到的"地窝子"，在地上挖个洞，上面用柳条、梭梭等搭起来，糊上泥，三四个人一天时间地窝子就建好了。没有房子挖地窝子，没有

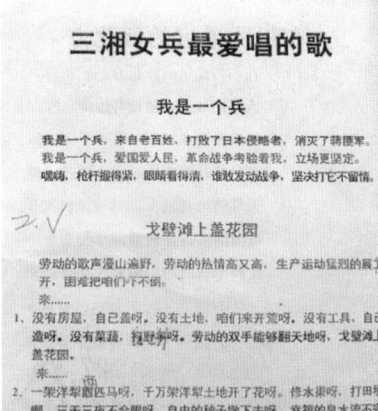

《戈壁滩上盖花园》歌词　　　　　　　《在祖国遥远的西北方》歌词

工具自己造，都是全部用自己的双手创造生活和生产。地方大比较荒凉，沙尘暴经常发生，有些地方还有野羊、野猪、狼之类的，天气最热达到50℃，义务帮地方老百姓收麦子……虽然生活条件很艰苦，但是我们从不与地方争利。60年代初的时候，兵团在新疆建设的白杨树可以绕地球转几圈。正式工作10—12小时左右，种树全是利用我们的业余时间。各个方面兵团都首先把地方放在首位。1954年，全国人民解放军代表团专门来慰问我们兵团，声势浩大，发放各种慰问品，相互爱护和拥护。

艾哈迈德：您什么时候结婚的？

华淑媛：1955年，19岁，那时提倡早婚早育。为了工作，开荒造田，我们经常不在一起。他是河北人，我与他也是在拖拉机站相识，属于自由恋爱吧，后来他成为我们拖拉机队的队长，也是教我们理论课的老师。他既有文化，长得还帅气，我对我的丈夫很满意。（照片）1958年拍摄，当时我已怀有第二个孩子。

华淑媛与丈夫当年合照留念

艾哈迈德：有几个孩子？

华淑媛：三个，两个儿子，一个女儿。1957 年生下第一个孩子，住的还是地窝子。1956 年我被提为拖拉机技术员，也因为丈夫的原因，促使我进步比较快，工作上面都创造过最高纪录。

艾哈迈德：什么时候退休的？养老是怎样的？

华淑媛：1988 年退休，随丈夫来到石河子，那时兵团司令部在石河子，之后搬到乌鲁木齐。转业时我一个月 66—70 元，地方 20—30 元。退休后，我们能拿到 100 多元。2001 年，能拿到 600—700 元，现在 4000 元左右。

艾哈迈德：兵团成立后，给新疆带来了什么？

华淑媛：一是巩固、保卫边疆；二是变戈壁为良田，改天换地；三是知识青年（大多是汉族和回族）将各个地方的文化都带到了新疆。生产建设兵团主要任务就是为了保卫边疆，这也是为什么名称中有一个"兵"字。

艾哈迈德：能给我讲一个您感触最深的故事吗？

华淑媛：当年我们在开荒时非常艰苦。1957年生完孩子不到50天我就回到工作岗位，当时我是一名拖拉机技术员，我们有一台拖拉机需要进行2号保养，并且还存在其他毛病。当时检查出拖拉机存在的问题后，就安排拖拉机手去团里领取零件，上午去下午才能回来，修理完已经太阳落山了。这时才想起孩子已经有八九个小时没有吃奶了，而且当时住的是没有门的窑洞房子。回家途中要经过两个沙包，快要上第二个沙包的时候，一个黄黄的、尾巴好长的动物从我身边跑过，回头一看才猛然意识到是一条大狼，当时已是满身冷汗。可能这狼不是一条饿急的狼吧，才最后让我幸免于难。这时我就快步往家跑去，到家后急忙给孩子喂奶，此时我已是泪流满面，眼泪还滴在了孩子脸上，流着眼泪对孩子说："孩子，你差点见不到妈妈，妈妈差点就被狼吃掉了。"今天想起来都非常紧张，荒凉的戈壁滩上见到狼也是很可怕的。就这样，在开荒造田的过程中，在戈壁滩上，我与死神四次擦肩而过。其中有一次是在检查机器过程中，我一只手的大拇指无意中被机器斩断。所以我们所有的军垦战士一路走来真的是很辛苦，不只是流下了眼泪、汗水，还有血水。

艾哈迈德：谢阿姨，您什么时候结的婚？

谢荃辉：1957年结的，他是团场的农业技术员，那时技术员是每个连队连长的助手。他是新疆人，祖上在甘肃，但也是汉族，他妈妈和妹妹随军一直在宣教科工作。后来他分到石河子总场，主要做宣传方面工作。当时我在兵团二十二团二营，位置在三道河子，二营跟团部很远的距离，到团部学习开会都要骑马过去，路途也是比较坎坷。我本身的工作也是各个方面都有涉及，那时主要种植棉花和甜菜。记得在我第一次怀孕6个月的时候，有一次为棉花打1605农药，右胳膊出现中毒过敏症状，卫生室正好没有脱敏的药，后又住进医院。孩子生下来也受到了很大影响，直到现在也是如此。当时的同事、领导都关怀备至，给了我很大安慰。

艾哈迈德：1952年来这之后，还见到过父母吗？

谢荃辉：当时以为三年之后可以回去，但因为距离较远，交通等各种不便，根本回不去。经常自己偷偷躲进被窝里哭鼻子，给父母写信时最后信纸都被泪水打湿了，就再也写不下去了。之后我母亲给我们领导写信，问我是不是犯错误了，这么长时间都没与家人联系，说我还小，希望领导多多教导我。后来队长开会跟我们说，你们不愿意写信就可以用你们的津贴给家里买一些这边的特产像葡萄干之类的寄回去嘛，不要长时间跟父母不联系。后来我们也就采用这种方式跟父母联系了。另外部队各种东西都是统一的，包括铺盖、洗漱用品，包括牙刷、牙缸都是一样的。我有一次在劳累的工作中突然发生吐血的状况，住院后被诊断患有肺结核，实际上是支气管扩张，劳累压迫的。由于大家的生活用品都是一模一样的，不巧有一天刷牙误用了隔壁床姑娘的牙刷和牙缸，她回来知道后直接摔到地上，我十分伤心。我们队长知道后，将她记过处分并关了禁闭，我明白我也不对，然后就去禁闭室看她，我们抱着对方都哭了起来，

湘女进疆五十周年纪念

后来我俩成为了很好的姐妹。

艾哈迈德：退休后，有没有少数民族的朋友？

谢荃辉：退休后，我们这有一位名为"老戴"会讲维语的人，她经常组织我们这些湘女去少数民族人口多的地方聚会，比如肉孜节、古尔邦节，我们经常会被邀请过去一块过，他们也会按照少数民族的习惯很热情地接待我们，载歌载舞，一起联欢……碰到生活条件不好的少数民族朋友，我们也默默为他们作些贡献，也彼此丰富了大家的晚年生活。

艾哈迈德：您觉得新疆如果没有兵团，它会是怎样？

谢荃辉：兵团在新疆起了很大的作用：既是战斗队、生产队，也是宣传队。建立兵团，是国家的英明决策，为了建设新疆，专家、学者都来此作着贡献。如果没有兵团，新疆就没有今天的发展。

艾哈迈德：好的。谢谢！

图书在版编目（CIP）数据

不与民争利：一个外国人眼中的新疆兵团 ／（埃及）
艾哈迈德·赛义德著． -- 北京：五洲传播出版社，2017.1
ISBN 978-7-5085-3550-0

Ⅰ．①不… Ⅱ．①艾… Ⅲ．①生产建设兵团－研究－
新疆 Ⅳ．① F324.1② F327.45

中国版本图书馆 CIP 数据核字（2017）第 010875 号

一个外国人眼中的新疆兵团

著　　者：艾哈迈德·赛义德
出 版 人：荆孝敏
责任编辑：苏　谦
装帧设计：北京正视文化艺术有限责任公司
出版发行：五洲传播出版社
地　　址：北京市海淀区北三环中路 31 号生产力大楼 B 座 6 层
邮　　编：100088
发行电话：010-82005927，010-82007837
网　　址：http://www.cicc.org.cn　http://www.thatsbooks.com
印　　刷：北京市庆全新光印刷有限公司
版　　次：2017 年 1 月第 1 版第 1 次印刷
开　　本：787mm×1092mm　1/16
印　　张：11
定　　价：38.00 元